W0396544

MATTHIAS SCHMOOCK

Hamburgs Verschwundene Orte

ÜBERRASCHENDE GESCHICHTEN
AUS DER HANSESTADT

MIT FOTOGRAFIEN VON ANDREAS LAIBLE

Hamburger Abendblatt

Schmoock, Matthias;
Hamburgs Verschwundene Orte - Überraschende Geschichten
aus der Hansestadt
HAMBURGER ABENDBLATT in Kooperation mit:
Bast Medien GmbH, St. Ulrich-Str. 11, 88662 Überlingen
(verantwortlich)
1. Auflage 2021
ISBN: 978-3-946581-82-6

Copyright: Bast Medien GmbH
Lektorat: Lena Bast
Covergestaltung: Melanie Kunze
Layout: Bast Medien GmbH
Fotografie: Andreas Laible
Satz: Melanie Kunze
Druck: Mohn Druck GmbH, Gütersloh

Von den Machern der preisgekrönten Reihe „Geheimnisse der Heimat“

Inhalt

Vorwort

Einst hatten sie Hamburgs Stadtbild mitgeprägt: der alte Bahnhof Altona und die Bornplatz Synagoge, das Naturhistorische Museum, das Winterhuder Fährhaus und die Badeanstalt am Schweinemarkt. Heute sind sie verschwundene Orte – genau wie 35 weitere, deren Spuren in diesem Buch nachgegangen wird.

Abendblatt-Redakteur Matthias Schmoock hat diese Orte aufgesucht und sich, unterstützt von zahlreichen namhaften Expertinnen und Experten, ihre Geschichte(n) und ihre besondere Bedeutung erläutern lassen. Denn auch wenn die vielen hier vorgestellten bekannten und weniger bekannten Gebäude abgerissen oder im Krieg zerstört wurden, kann man ihrer besonderen Aura vor Ort auch heute noch nachspüren. Auf diese Weise macht das Buch die Zeit schlagartig wieder lebendig: Als Hamburgerinnen und Hamburger sich im Uhlenhorster Fährhaus oder auf dem Dach des Karstadt Hauses an der Hamburger Straße zum Tanztee trafen und abends zum Konzert in den Conventgarten gingen. Als der Blick vom Steckelhörnfleet noch bis zur Nikolaikirche schweifen konnte und über Neumühlen das Donner-Schloss thronte. Als der Zeitball am Kaispeicher A mittags herabfiel, im Bismarckbad getobt wurde und in der Frauenklinik Finkenau die Neugeborenen schrien.

Anhand alter Fotos und Bilder werden die verschwundenen Orte hier noch einmal gezeigt – doch der Blick geht nicht nur zurück in die

Vergangenheit. Denn die Kombination mit Andreas Laibles aktuellen Aufnahmen derselben Standorte erleichtert dem heutigen Betrachter die Orientierung und schärft die Vorstellungskraft. Was ist für immer verloren und was blieb?

Wussten Sie zum Beispiel, dass die Jugendherberge auf dem Stintfang auf Fundamentteilen der alten Seewarte errichtet wurde? Kennen Sie den steinernen Adler vom alten Bahnhof Altona und das Portal des legendären „Knust", die bei Abrissen verschont blieben und vor Ort gut sichtbar eingemauert wurden? Engtanzfeten im alten „Knust" und Konzerte in der Ernst-Merck-Halle – die Musik ist verklungen, die Erinnerung geblieben.

Dieses Buch lädt auch ein zu faszinierenden Gedankenspielen. Wie würden die 10.000 Plätze der Stadthalle im Stadtpark heute gefüllt werden? Welches Programm könnte Haus Vaterland oder die Volksoper beleben, und wäre Eppendorfs letztes Reetdachhaus, wie zeitweise geplant, heute wirklich Teil eines Freilichtmuseums?

Matthias Schmoock ist seit rund 25 Jahren Redakteur beim Hamburger Abendblatt und hat unzählige historische Stücke für unsere Zeitung geschrieben. Wenige kennen sich in der Geschichte Hamburgs so gut aus wie er. Andreas Laible war mehr als 40 Jahre Fotoredakteur bei unserer Zeitung und kennt jeden Winkel der Stadt. Gemeinsam ist beiden ein Buch gelungen, das es so noch nie gegeben hat.

Es ist ein weiteres Werk aus der erfolgreichen Kooperation des Hamburger Abendblatts mit dem Bast Medien Verlag, aus welcher schon drei sehr nachgefragte Publikationen hervorgegangen sind: die *Hamburger Geheimnisse* Band 1 und 2 sowie das Buch *Hamburger Frauen*.

Alle hier vorgestellten Orte sind zwar verschwunden – aber nicht vergessen. Und auf faszinierende Weise blieben viele ihrer Spuren immer noch erhalten. Man muss sie nur finden

Lars Haider
Chefredakteur
Hamburger Abendblatt

Autor und Fotograf

Matthias Schmoock, 1963 in Hamburg geboren, studierte in seiner Heimatstadt und in den USA Englisch und Geschichte. Nach dem Zweiten Staatsexamen volontierte er in der heutigen Axel-Springer-Akademie und wurde Journalist. Seit 1997 ist er Redakteur beim Hamburger Abendblatt. Der promovierte Historiker hat seitdem unzählige Artikel zur Stadtgeschichte geschrieben. Außerdem ist er Autor zahlreicher Bücher zur Regionalgeschichte, zum Beispiel über Auswanderung, die Unruhen von 1848 und die Alster. Zudem ist er Biograf des Unternehmers Werner Otto („Der Jahrhundertmann“). Er lebt mit seiner Familie nach wie vor in Hamburg.

Andreas Laible, ist 1958 in Hamburg geboren und aufgewachsen. Nach dem Abitur im Jahr 1978 trat er seinen Zivildienst im Diakonischen Werk Hamburg in der Pressestelle an. Parallel dazu absolvierte er ein fünfzehnmonatiges Abendstudium an der Werbefachlichen Akademie Hamburg, das er als ‚Werbewirt, Fachrichtung Marketing‘ erfolgreich abschloss.

Ab 1980 arbeitete er als freier Fotograf unter anderem für das Hamburger Abendblatt. Seit 2000 ist er in dieser Position fest angestellt.

Salomon Heines Landsitz an der Elbchaussee Mitte der 1870er-Jahre. Heines Schwiegertochter ließ das Haus1880 abreißen.

Salomon Heines Landsitz

Erinnerungen an die „Affrontenburg“

An ihrem Anfang in der Nähe der Christianskirche hat die Elbchaussee noch nicht viel von der Weltläufigkeit, die ihren Namen in ganz Europa bekannt gemacht hat. Die Häuser stehen hier noch deutlich enger zusammen und wie eine Chaussee sieht die Straße auch nicht gerade aus. Wenn man aus der Stadt kommend in Richtung Westen fährt, breitet sich auf der Südseite ein Grundstück aus, das quasi als erstes in einer langen Kette noch die Ausdehnungen eines einstigen Landsitzes erkennen lässt. Der heutige Heine-Park wird von zwei Häusern geprägt: Vorne an der viel

Heute steht an derselben Stelle eine stilisierte, begehbare Terrasse. Das denkmalgeschützte Gartenhaus ist erhalten und ein wichtiger und beliebter Kulturtreff.

befahrenen Straße steht, mit der Hausnummer 31, das heutige „Heine-Haus" mit seinem schönen Gartensaal. Es soll Touristen geben, die es für den Landsitz des Bankiers und bedeutenden Mäzens Salomon Heine (1767-1844) halten und sich über die bescheidenen Ausmaße wundern. Wenn dann klar ist, dass es sich lediglich um das einstige Gartenhaus handelt, das heute ein kleines Museum beherbergt und mit Vorträgen und Musikabenden lockt, folgt das nächste Missverständnis. Viele Besucher, darunter auch zahlreiche Hamburgerinnen und Hamburger, glauben nämlich, dass die große, weiter südwestlich gelegene Villa mit ihrem phänomenalen Elbblick der einstige Landsitz des Millionärs sein müsse. „Das wird oft vermutet", berichtet Beate Borowka-Clausberg, erste Vorsitzende des Heine-Haus-Vorstands, beim Spaziergang durch die Grünanlage.

Wie es sich wirklich verhält, erläutert die Kunsthistorikerin gerne: Der um 1790 erbaute Landsitz würde heute genau zwischen den beiden anderen Gebäuden stehen, wurde aber schon 1880 abgerissen. Salomon Heine hatte den Landsitz 1808 gekauft und nutzte ihn bis zu seinem Tod als Sommerresidenz. Das große Haus hinten am Elbhang ist die ehemalige Villa Plange, die „erst" 1913 / 14, kurz vor Beginn des Ersten Weltkriegs, im Auftrag des Kommerzienrats Georg Plange für dessen Sohn Carl erbaut worden war. Damals war Salomon Heine schon rund 70 Jahre tot.

Das Haus ist verschwunden, aber einige interessante zeitgenössische Berichte blieben erhalten. Zwischen Salomon Heine und seinem Neffen Heinrich (1797-1856) herrschten ständige Spannungen, wohl auch, weil beide (so beschrieb es jedenfalls Heinrich später) vom Naturell ähnlich eigensinnig waren. In dem Buch *Die Elbchaussee* von Paul Theodor Hoffmann wird aus den Lebenserinnerungen der Schriftstellerin Therese Devrient (1803-1882) zitiert, die sich unter anderem an ein Abendessen vor Ort erinnert: „Das Innere des Hauses machte einen überaus behaglichen Eindruck. Es war von so gediegener Eleganz, dass man sie zunächst gar nicht merkte, alles sah nur bequem und wohnlich aus."

Zu weiteren häufigen Besuchern gehörte der weltberühmte Komponist und Musiker Felix Mendelssohn-Bartholdy (1809-1847). 1829 schrieb dieser einen Brief an seine Angehörigen in Berlin, in dem er ein Dinner in der Heine-Villa als „hoechst gentleman" bezeichnete. Dass der nicht mehr junge Bankier Mendelssohns Schwester Rebecka (genannt Beckchen, 1811-1858) offensiv umschwärmte, nahm der ältere Bruder mit Humor. „Salomon Heine macht ihr schrecklich die Cour; nennt sie Du, küsst sie bei Gelegenheit und gibt ihr Mantel um." Das Verhältnis zwischen Felix Mendelssohn-Bartholdy und Heinrich Heine war indes nicht spannungsfrei, und auch Felix' Schwester Fanny fand den Dichter „geziert". Beate Borowka-Clausberg hält es für möglich, dass die Anregung für den Bau des bezaubernden Gartenhauses im Jahr 1832 auf Felix Mendelssohn zurückgehen könnte, also möglicherweise bei einem Besuch im Heine-Landhaus entwickelt wurde. Ihre Begründung: „In Berlin, wo die Familie damals lebte, waren Gartenhäuser, in denen auch musiziert werden konnte, damals schon verbreiteter als in Hamburg beziehungsweise Altona. Irgendjemand muss Salomon Heine ja auf die Idee gebracht haben, und warum soll es nicht der Musiker Felix gewesen sein?"

Heinrich Heine hatte später vor allem negative Erinnerungen an die Villa, die er rückblickend „Affrontenburg" nannte und über die er in einem Gedicht unter anderem schrieb: „Die Zeit verfließt, jedoch das Schloss, / Das alte Schloss mit Turm und Zinne / Und seinem blöden Menschenvolk, / Es kommt mir nimmer aus dem Sinne. (...) Vermaledeiter Garten! Ach, / Da gab es nirgends eine Stätte, / Wo nicht mein Herz gekränket ward, / Wo nicht mein Aug geweinet hätte." Insgesamt sei es dort, wie er meinte „sehr geziert und geschwänzelt" zugegangen.

Salomon Heine starb 1844 in seinem Stadthaus an der ABC-Straße und wurde auf dem jüdischen Friedhof in Ottensen bestattet. Sein Sohn Carl (1810-1865) erbte ein sehr großes Vermögen und übernahm die Leitung des Bankhauses Salomon Heine (ursprünglich Heckscher & Co). Zwischen Carl (nach dem – in veränderter Schreibweise – die Uhlenhorster Karlstraße benannt ist) und seinem Vetter Heinrich gab es lange Auseinandersetzungen um die finanziellen Zuwendungen für den Dichter.

„Er hat nur drey Leidenschaften", lästerte Heinrich über Carl, „die Weiber, Zigarren und Ruhe." Außerdem soll er diesem zwar ein gutes Herz bescheinigt haben, von seinem Herzen zur Tasche allerdings, so Heinrich, gehe „keine Eisenbahn". Erst kurz vor Heinrich Heines Tod im Jahr 1856 kam es wieder zu einer Annäherung.

Carl Heine starb 1865, und seine Witwe Cécile, geborene Furtado (1821-1896), kehrte danach in ihre französische Heimat zurück. Das Landhaus ließ sie 1880 abreißen.

Hier befand sich Salomon Heines Landsitz:

Er stand südwestlich vom heutigen Heine-Haus, Elbchaussee 31, ungefähr in der Mitte der Wiese.

Das Fährhaus Wittenbergen wurde 1907 im Auftrag des Gastronomen Johann Wiggers erbaut.

Fährhaus Wittenbergen

Ein verwaister Platz am Wasser

Der Elbstrand bei Wittenbergen ist eines der schönsten Naherholungsgebiete Hamburgs. Der Übergang zwischen Heide und Sand – inklusive Strandhafer – hat einen ganz besonderen Reiz, und Besucherinnen und Besucher können sich am Wasser liegend mit geschlossenen Augen vorstellen, irgendwo weit weg an Nord- oder Ostsee zu sein. Doch die Gegend um den Leuchtturm wirkt auch etwas zerfasert, lückenhaft und leer. Große, nicht natürliche und mittlerweile eingewachsene Freiflächen fallen auf, die irgendwie sinnlos sind. Der Parkplatz ist seit Jahrzehnten

Eine Lücke klafft heute an Stelle des Fährhauses. Einige der Bäume, die der Terrasse einst Schatten gespendet hatten, sind noch erhalten.

ein einziges Provisorium, die wenige Gastronomie vor Ort hat es schwer. Dass ein großer Teil der Fläche heute ein weitläufiges Naturschutzgebiet bildet, ist ökologisch sinnvoll und macht den besonderen Charme der Gegend aus.

Niemand ist mit der Geschichte und den Geschichten vor Ort so vertraut wie die Mitglieder der Archivgruppe des Bürgervereins Rissen. Carsten Meyer-Tönnesmann, langjähriges Mitglied der Archivgruppe , ist einer der besten Kenner der Ortsgeschichte. „Wittenbergen gehört zu den schönsten Landschaften Norddeutschlands“, sagt er. „Der herrliche Blick und die unberührte Natur trugen auch dazu bei, dass zahlreiche Hamburger Künstler des 19. Jahrhunderts das Elbufer hier gerne gemalt haben. Von 1900 an kamen immer mehr Menschen in diese reizvolle Gegend, und der Strand war damals an vielen Wochenenden völlig überfüllt.“

Tatsächlich war hier einst deutlich mehr los, und wer sich alte Fotos anschaut, kann die heutigen Eindrücke kaum mit denen von vor wenigen Jahrzehnten in Einklang bringen. Mehrere prägende Gebäude sind verschwunden, dass sie einst hier standen, ist heute nur noch schwer vorstellbar. Da war zunächst das Freibad Wittenbergen, das 1923 vor dem damaligen Kurhaus errichtet worden war. Dafür hatte man, wie sich in der *Chronik* des Bürgervereins nachlesen lässt, ein 35 Hektar großes Wiesen- und Strandgrundstück eingezäunt und mit drei Eingängen versehen. Der Eintritt betrug 20 bis 50 Pfennig. „Wer damals in der sonntags oft überfüllten Eisenbahn nicht auf dem Trittbrett mitfahren wollte, kam mit dem Schiff nach Rissen", heißt es in dem Buch, und bis in die 1960er-Jahre hinein stand sogar noch *Strandbad Wittenbergen* auf dem Anleger-Schild. Vor Ort gab es unter anderem Mietzelte, ein Karussell und einen Musikpavillon. Die Anlage profitierte davon, dass das Baden damals am übrigen Elbstrand verboten war, was auch von „Gendarmen" überwacht wurde. Wie Meyer-Tönnesmann sagt, war das Bad in Spitzenzeiten völlig überfüllt. Die höchste Besucherzahl von fast 10.000 Tagesgästen wurde im Sommer 1925 registriert. Von 1908 an wurden vor Ort auch Strandkörbe angeboten. Der letzte Vermieter hörte erst 1988 auf.

Merkwürdig: Heute droht vor Ort bei weitaus weniger Besuchern immer gleich ein Verkehrschaos mit ständigem An- und Abfahren auf dem von tiefen Löchern durchzogenen Parkplatz und langen Staus mit Wildparkerei bis in die angrenzenden Straßen. Damals kam man offenbar deutlich häufiger mit Bahn, Bus, Fahrrad oder zu Fuß zum Strand – und es ging auch. Erst 1927 wurde das Baden wieder am gesamten Elbstrand erlaubt (heute wird es toleriert), was den Niedergang des Freibads vermutlich beschleunigte.

Das Areal neben dem Leuchtturm beherrschten zwei großen Gebäude: Da war zunächst das 1898 erbaute „Alte Gasthaus" von Johann und Katharina Wiggers, die 1908 an die Familie Heuer verpachteten. Meta Heuer, Tochter der Pächter, betrieb das Haus noch bis 1969. Nachdem es bei der Sturmflut 1962 schwer beschädigt worden war, wurde das Gasthaus Mitte der 1970er-Jahre abgerissen. Deutlich eindrucksvoller war das Fährhaus Wittenbergen, das 1907 im Auftrag von Gastronom Johann Wiggers erbaut worden war. Das Gasthaus im klassischen Sinn – mit saalartigen Räumen im Erdgeschoss, großer Café-Terrasse und einem richtigen Hotelbetrieb – bot nach Süden unverbaubaren Elbblick aus allen Zimmern. Wegen des weichen Untergrunds war es auf 288 Rammpfählen errichtet worden. Im Jahr 1914 verkaufte Johann Wiggers das Fährhaus an das Ehepaar Hoff, dessen Sohn Paul es noch bis 1971 weiterführte. Wie die Rissener Archivgruppe herausfand, gab es beim Fährhaus zeitweise sogar einen Seehundteich mit drei Tieren. Die Reste dieses Teichs sind vor Ort heute noch zu finden. Und: Westlich des Leuchtturms und im Hanggebiet entstand in den 1930er-Jahren eine kleine Siedlung mit Wochenendhäusern und Bootshäusern. Nach dem Zweiten Weltkrieg zogen ausgebombte Hamburgerinnen und Hamburger hierher und errichteten weitere Häuschen samt Gärten auf einem erhöhten Flutschutzsockel. Diese Laubenkolonie wurde bei der schweren Sturmflut 1962 zerstört und durfte danach aus Sicherheitsgründen nicht wieder aufgebaut werden. Anfang der 1970er-Jahre verkaufte Paul Hoff das Fährhaus an die Stadt, die den Betrieb zunächst verpachtete. Bei der Sturmflut im Januar 1976 wurde das Fährhaus stark beschädigt und dann Ende März 1976 abgerissen.

Bestrebungen, vor Ort wieder ein Fährhaus oder ein vergleichbares Gebäude zu errichten, hat es nie gegeben und gibt es auch für die Zukunft nicht. Auch wenn der Strand von Wittenbergen nach wie vor beliebt ist, bleibt die Gegend mit nur einer eher schmalen Zufahrtsmöglichkeit schwer erreichbar. Aus anderen Teilen der Stadt ist es ein weiter Weg bis nach Rissen, und bei schlechtem Wetter bleibt es hier oft wochenlang menschenleer. Das ehemalige Freibadgelände wurde 1986 vom Senat als „Elbwiesen“ unter Naturschutz gestellt und liegt entsprechend brach. Die Zeiten, in denen sich dort Tausende drängten, sind lange vorbei. Die Natur hat sich an vielen Stellen das zurückgeholt, was man ihr einst abgetrotzt hatte, und wer die Gegend nur in ihrer heutigen, scheinbar urwüchsigen Erscheinungsform kennt, vermisst letztlich auch nichts. Das Fährhaus ist und bleibt verschwunden.

Hier stand das Fährhaus Wittenbergen:

Es erhob sich an der Straße Rissener Ufer, unmittelbar südwestlich vom Parkplatz.

Immer gut drauf: Der harte Kern der „Knust"-Crew vor dem legendären Eingang an der Brandstwiete im Jahr 1990.

„Knust"

1.370 Engtanzfeten an der Brandstwiete

Es gibt wohl keinen verschwundenen Ort in Hamburg, der so stark mit nur einer einzigen Veranstaltungsart in Verbindung gebracht werden kann, wie das „Knust" an der Brandstwiete. Viele Jahre lang wurden in dem Musikclub die heute legendären Engtanzfeten veranstaltet, die bei etlichen Gästen stärker im Gedächtnis verankert sind als die Namen der Künstler, die dort im Lauf der Zeit auftraten. Für alle, die nicht mit den Hintergründen vertraut sind: Das Knust gibt es zum Glück immer noch in Hamburg, und der Club arbeitet sehr erfolgreich. Während der Corona-

Über Geschmack lässt sich streiten: Der alte „Knust"-Eingang wurde, im Gegensatz zum Rest des Hauses, unter Denkmalschutz gestellt und in den Büroneubau vor Ort integriert.

Pandemie hielt das Knust-Team mit zahlreichen Streaming-Abenden die Pop-Fahne hoch, und alle waren erleichtert, als die Boxen danach wieder vor der Tür auf dem Lattenplatz standen.

Aber diese Räume am beziehungsweise im alten Schlachthof haben nichts mehr mit dem Ort zu tun, an dem Stars wie Udo Lindenberg ihren Durchbruch erlebten – und an dem gefühlt ununterbrochen hautnah getanzt wurde. Karsten Schölermann, charismatischer Knust-Chef und Erfinder der Engtanzfeten, erinnert sich lebhaft an diese Zeit. Seine Schilderungen verbindet er gleich mit einem Rundgang durch den Club – am heutigen Standort, versteht sich. „Für die jungen Leute heute ist das hier das Knust", sagt Schölermann, „aber wir werden noch unheimlich oft auf den alten Platz angesprochen."

Über die Engtanzfeten (mit „Alleintanzverbot") sprach man in Hamburg immer auch mit einem Augenzwinkern. Man ging gerne hin – nahm sie aber nicht ganz ernst. Vielmehr hatte das Ganze auch mit einer Wiederbelebung besonderer Erinnerungen aus der Teenagerzeit zu tun, der etliche Besucher längst entwachsen waren. Es ging um Dinge wie schummrige Partykeller mit Musik vom Plattenspieler oder aus dem Ghettoblaster, tapsiges Auf-der-Stelle-Treten, ein paar scheue Küsse und die permanente Angst vor verschwitzten Händen. Zum Kennzeichen der Feten gehörte auch, dass die Veranstaltungsabende bei Ankündigungen, zum Beispiel in Stadtmagazinen, immer weiter durchnummeriert wurden, sodass sie nach außen wie eine einzige durchgehende Dauerfete wirkten. Insgesamt, so ist es auf der Homepage des heutigen Knust nachzulesen, gab es 1.370 Engtanzfeten innerhalb von 15 Jahren – oder war es am Ende doch nur eine einzige mit 1.370 Auflagen?

Eröffnet wurde das Knust (manche sagen auch: *der* Knust) im Jahr 1966, damals unter dem Namen „Jazzhouse". Erste Betreiber waren die Brüder Christmann. Der programmatische Name, der sich dann in Hamburg etablierte, wurde dem Laden erst zehn Jahre später verpasst. Er soll darauf zurückgehen, dass es am Tresen immer kostenlose Brotreste (norddeutsch: Knust) mit Schmalz gab. Das war unter Dieter Dombrowski, Nachfolger der „Christmänner". Die Idee für die Engtanzfeten geht laut Knust-Homepage auf den neuen Chef zurück, den jungen Booker und Blues-Harp-Spieler Karsten Schölermann. Sie brachten den Club durch das schwierige Musikgeschäft der 1980er und bescherten ihm 15 gute Jahre. Karsten Schölermann erinnert heute daran: „Während die Hamburger Clubszene damals in eine schwere Krise schlitterte und unter anderem das Onkel Pö auf der Strecke blieb, brachten uns die Engtanzfeten gut 800 Gäste an den Wochenenden."

2001 kam die Kündigung – ohne Aussicht auf einen neuen Standort für den Traditionsclub. Zum Jahresende 2002 wurde das Knust am Standort Brandstwiete 2-4 dann geschlossen, kurz danach galt der Abriss als unabwendbar. Dabei war das schöne Haus mit der Fassade aus glasierten Steinen und Ornamenten ein Werk des Architekten Martin Haller, dessen Arbeiten andernorts hoch geschätzt werden. Seit 1900 hatte es schon an der Ecke gestanden, nun sollte es also weichen. Immerhin versuchten mehrere Politiker aus dem Bezirk Hamburg Mitte, den nicht denkmalgeschützten Bau doch noch zu retten. Gutachten ergaben dann allerdings, dass sich das Gebäude zur Straße neigte und der Giebel komplett marode war. Eine Instandsetzung hätte acht bis neun Millionen Mark gekostet – zu viel für einen Investor. Nachdem es unmittelbar vor dem Abriss über Wochen massive Proteste gegeben hatte, die auch in den Medien thematisiert wurden, präsentierten Bezirkspolitiker und Verwaltung ein paar halb ausgereifte Planspiele, die wohl für eine optimistische Stimmung sorgen sollten. Kleingewerbebetriebe würden an der Brandstwiete eine neue Heimat finden, auch eine Disco war angeblich geplant. Das hörte sich ganz nett an – ein bisschen alternativ, ein bisschen nostalgisch auch.

Heute steht vor Ort ein Bürogebäude, das aussieht, wie Bürogebäude in Hamburg eben so aussehen. Für Karsten Schölermann und sein Team war das eine schlimme Zeit.

„Schon mit 16 hatte ich im Knust erstmals musiziert", erinnert sich Schölermann, „damals spielte ich auf der Mundharmonika Blues oder jedenfalls das, was man mit 16 unter Blues versteht." Erst nach langer Suche gelang es, für die Knust GmbH einen neuen Standort zu finden: Am 1. September 2003 eröffnete der Club (wieder) – im alten Schlachthof am Neuen Kamp. Schön für Nostalgiker: Das Originalschild, weiße Schrift im Design der 70er auf schwarzem Grund, wurde über der Tür angebracht und sieht dort aus wie in alten Zeiten.

Das Ur-Knust, an dem so viele liebevolle und liebenswerte Erinnerungen hingen, ist heute nicht mehr zu finden. Naja, das stimmt nicht ganz: Das Portal des alten Kontorhauses hatte man noch flugs unter Denkmalschutz gestellt – Kommentar überflüssig. Es wurde Stein für Stein abgetragen und später in den Neubau integriert. Was davon zu halten ist – darüber kann sich heute jede und jeder vor Ort selbst ein Bild machen. Es bleibt die Erinnerung an die Auftritte von Künstlerinnen und Künstlern wie Udo Lindenberg, Albert Mangelsdorff, Gottlieb Wendehals, Inga Rumpf und R.E.M. – allesamt fürs Publikum zum Greifen nah. Und natürlich bleiben die Träumereien von 1.370 Engtanzfeten.

Hier befand sich das „Knust":

Es stand in der Brandstwiete 2 - 4. Das denkmalgeschützte Eingangsportal wurde in den Neubau integriert.

Die Bordellgasse Ulricusstraße, in Hamburg auch bekannt als „die Straße, über die man nicht spricht", war innerhalb weniger Wochen abgerissen.

Gängeviertel Valentinskamp

„Bürohäuser statt Slums"

Von den Hamburger Gängevierteln erzählt man sich abenteuerliche Geschichten. In ihren verwinkelten Gassen blühten Glücksspiel und Prostitution. Streikbrecher, Radikale und gesuchte Gauner fanden in den Häuschen Unterschlupf. In den Vierteln herrschte Not und Elend, aber auch vielfach eine ungebändigte Lebenslust und Solidarität.

Wer diese Keimzellen urwüchsigen Hamburger Treibens heute sucht, kann sich nur noch in den idyllischen Krameramtsstuben und am sanierten Bäckerbreitergang umschauen. Doch vom Leben in den

Für den Bau des alles überragenden ehemaligen Unilever-Hochhauses, das inzwischen unter Denkmalschutz steht, wurde das alte Gängeviertel abgebrochen.

Vierteln vermitteln diese mageren Reste nicht mehr viel. Dabei stand in Hamburg noch bis 1958 ein intaktes Gängeviertel – mehr als hundert Jahre hatte es fast unverändert überlebt.

Wo verlieren sich seine Spuren? Einst hatte es in der Stadt drei dieser Quartiere gegeben: südlich des Michel am Hafen (abgebrochen 1901), in der Altstadt Ost bei der heutigen Mönckebergstraße (Abbruch 1908) und zwischen Großmarkt und Valentinskamp (1934 abgerissen). Die Viertel stammten im Ansatz noch aus der Zeit des Dreißigjährigen Kriegs, als man die Stadt neu befestigte und das Heiligengeistfeld, das damals noch bis zum Michel reichte, schnell und dicht bebaut wurde. Da der Zuzug von außerhalb unvermindert anhielt, uferten An- und Umbauten immer weiter aus, bis schließlich alle Flächen lückenlos geschlossen waren. Die Folgen waren Licht- und Luftmangel und katastrophale hygienische Zustände. Auf einem Hektar lebten durchschnittlich 1.500 Menschen, jedem Bewohner standen nur rund sechs Quadratmeter zur Verfügung.

Ironischerweise blieben die Gängeviertel beim Hamburger Brand (1842) weitgehend verschont, so dass die Cholera hier 50 Jahre später ganz besonders wüten konnte. Der berühmte Arzt Robert Koch (1843-1910), der zur Bekämpfung der Seuche aus Berlin angereist war, notierte 1892 einen immer wieder zitierten Satz: „Ich habe noch nie solche ungesunden Wohnungen, Pesthöhlen und Brutstätten für jeden Ansteckungskeim angetroffen, wie in den so genannten Gängevierteln, die man mir zeigte."

Die Abbruchaktion von 1934 war nur bis zum Valentinskamp gekommen, und das übrig gebliebene Viertel zwischen dieser Straße, Karl-Muck-Platz, Dammtorwall und Caffamacherreihe hatte auch den Krieg ziemlich unbeschadet überstanden. Sein Gewirr aus Gassen und Fachwerkhäusern war erhalten und die eigentümliche Atmosphäre offenbar ebenfalls konserviert. Ein Reporter der *Welt*, der den inzwischen verschwunden Fürstenplatz 1958 besuchte, schrieb: „Die Romantik dieses Viertels mit seinen schmalen Straßen, dunklen Passagen und Hinterhöfen erheitert nicht, sondern stimmt eher melancholisch. Wohnungen ohne Sonne, kleines Handwerk hinter getrübten Scheiben, einmal rechts und zweimal links um die Ecke. Wimmelnde Pflasterkinder, halsbrecherische Hühnerstiegen in schmalbrüstigen Häusern, wirbelnder Abfall im Luftzug der Passagen." Noch im selben Jahr wurde das Gebiet für drei Millionen Mark an die Margarine-Union (heute: Unilever) verkauft, die auf dem Gelände einen Hochhaus-Neubau errichten lassen wollte. Da für die Abbrucharbeiten das Motto „Baureif zum 1. April 1959" galt, mussten 600 Familien und 120 Gewerbebetriebe in aller Eile umgesiedelt werden, was nochmal sieben Millionen Mark kostete.

Mit rührender Aktivität wurde mehr schlecht als recht um den Erhalt gekämpft: 60 betroffene Geschäftsleute gründeten den „Schutzverband der Planungsbetroffenen", und der Bürgerverein Hamburg-Mitte versprach Hilfe. Doch was sollte das nützen, wenn die Stadt den Slogan „Bürohäuser statt Slums" verbreitete?

Ein solcher „Sozialabriss" war in Hamburg Tradition. Schon 1865 hatte der Senatssekretär Carl Wilhelm Asher (1798-1864) in einer Denkschrift „die sittliche Sanierung der Pfuhle von psychischem und moralischem Schmutze" gefordert, die Nationalsozialisten begründeten den Abriss von 1934 zynisch damit, dass das Milieu „Misswuchs“ erzeuge. Auffällig an diesen Formulierungen ist, dass sie weniger das Wohl der Gängeviertel-Bewohner als das der Öffentlichkeit in den Vordergrund stellten. Kristina Sassenscheidt ist als Geschäftsführerin des Hamburger Denkmalvereins mit der Geschichte der Gängeviertel vertraut. „Der Zusammenhalt in diesen Vierteln war groß, sie haben sozial und städtebaulich funktioniert“, sagt Sassenscheidt, „das machte sie für den Senat gefährlich.“ Abgerissen wurde also 1958 wieder – und zwar ziemlich schnell.

Nur wenige Menschen konnten sich damals vorstellen, dass man in Hamburg eines Tages wieder gezielt zu vergleichbaren Bauformen zurückkehren würde – wenn auch unter anderen Vorzeichen. Kristina Sassenscheidt verweist darauf: „Die enge Mischung aus Wohnen und Arbeiten, aus kleinteiligen, heterogenen Baustrukturen und belebten öffentlichen Räumen gilt heute wieder als Ideal für die Stadtplanung.“

Obwohl die platt gewalzte Fläche schließlich nur zum Teil bebaut wurde, hat der Erhalt des Gängeviertels nie ernsthaft zur Debatte gestanden – umstritten ist er bis heute. Diese Art Dynamik gehöre eben auch zu einer Weltstadt, ist noch immer zu hören. Und: Wenn die Margarine-Union sich damals eine andere Stadt gesucht hätte, weil Hamburg alte Häuser erhalten wollte, wäre das sozial auch nicht zu verantworten gewesen. „Es ist sehr bedauerlich, dass die Wohnsituation in den Gängevierteln heute nirgendwo in Hamburg mehr authentisch vermittelt werden kann“, kritisiert dagegen Kristina Sassenscheidt. Und: „Standortpolitik wird leider bis heute allzu oft als Argument missbraucht, Abrisse erhaltenswerter Baukultur zu rechtfertigen. Dabei gab es damals schon ausreichend alternative Flächen zur Firmenansiedelung, ebenso wie es heute mehr als genug leer stehende Büroflächen gibt, die man nachhaltig modernisieren und weiternutzen kann.“

Hier befand sich das Gängeviertel Valentinskamp:

Es erstreckte sich auf der Fläche zwischen den Straßen Valentinskamp, Caffamacherreihe, Dragonerstall und Dammtorwall.

Eppendorfs letztes Reetdachhaus, Postanschrift Ludolfstraße 1, wurde 1970 abgerissen.

Eppendorfs letztes Reetdachhaus

Der Traum vom Museumsdorf

Große Pläne gab es im Jahr 1970 für Eppendorf – genauer genommen für die damals noch relativ beschauliche Ludolfstraße. Ein Museumsdorf sollte gebaut werden, eine Art Kulturzentrum aus schönen alten Häusern, die, vor Ort „ihre Geschichte" erzählen könnten. Als Magnet war dafür das Haus mit der Nummer 1 vorgesehen – das letzte weitgehend unverändert erhaltene Reetdachhaus des Stadtteils. Was von diesen Plänen blieb, waren im Jahr 1970 Trümmerschutt, vier Baulücken und die Erkenntnis, dass es mit dem Museumsdorf nun nichts mehr werden würde.

Die gleiche Perspektive heute. Wie zu erkennen ist, hätte das Haus trotz der Straßenverbreiterung möglicherweise stehenbleiben können.

Maria Koser und Sabine Maurer von der Geschichtswerkstatt Eppendorf (Motto: „Wir machen Geschichte lebendig") an der Martinistraße haben sich intensiv mit der Stadteil-Historie befasst. Besonders beliebt sind ihre 1992 gestarteten Stadtteilrundgänge, die laufend mit neuen Themen ergänzt werden. Aber: „Die Entwicklung des ältesten Dorfes vor den Toren Hamburgs zu einem lebendigen Teil der Großstadt können wir bei unseren Rundgängen heute nur noch mit Hilfe von Fotos dokumentieren", sagt Maria Koser. Und Sabine Maurer ergänzt: „Die Spuren der Vergangenheit sind unwiederbringlich verloren."

„Die Entwicklung des ältesten Dorfes vor den Toren Hamburgs zu einem lebendigen Teil der Großstadt können wir bei unseren Rundgängen heute nur noch mit Hilfe von Fotos dokumentieren."

Der Anfang dieser Geschichte ohne Happy End geht bis ins Jahr 1966 zurück. Damals stimmte die Bezirksversammlung Hamburg

Nord den Bebauungsplänen 5 und 11 zu, in denen es unter anderem um die Verbreiterung der Ludolfstraße ging. Zwei Häuser schienen diesen Arbeiten im Weg zu stehen: Da war zunächst die Nummer 1, das um 1770 erbaute Haus mit dem Dach aus Reet, ehemaliges Altenteil des Bauern Timmermann. Direkt daneben stand (Nummer 7) ein Fachwerkhaus, das um 1802 für die Witwe Timmermann erbaut worden war, ebenfalls ein ehemaliges Altenteil.

Im Sommer setzten sich dann einige wichtige Leute zusammen, darunter Vertreter von Denkmalamt, Bezirk und Liegenschaftsverwaltung. Schon vor einigen Jahren zitierte das *Hamburger Abendblatt* aus einem Sitzungsvermerk, in dem es unter anderem heißt: „Geplant ist, eine Milieu-Insel Alt Eppendorf zu schaffen, in die das Reet gedeckte Haus einbezogen werden soll. In diese Milieu-Insel sollen auch die denkmalgeschützten Häuser Nr. 23 und 25 einbezogen werden. Für dieses Projekt wird ein Architektenwettbewerb ausgeschrieben." Bei Nummer 23 handelte es sich um ein Landhaus von 1830, Haus Nummer 25 war noch älter und hatte eine besondere Bedeutung für den Stadtteil: Hier war 1896 der Schriftsteller und Kunstkritiker Karl Scheffler geboren worden, nach dem der Schefflerweg in Hamburg benannt ist. Scheffler, Herausgeber der Zeitschrift *Kunst und Künstler*, Ehrendoktor und Träger der Medaille für Kunst und Wissenschaft, hat seinem Geburtshaus und den Nachbargebäuden in der verschlüsselten Autobiografie *Der junge Tobias* ein Denkmal gesetzt.

Maria Koser (l.) und Sabine Maurer von der Geschichtswerkstatt Eppendorf.

Unter anderem werden darin Einzelhäuser mit einem Garten beschrieben. „Sie waren meist einstöckig, hatten ein Dach aus roten Ziegelpfannen, weiß gestrichene Fensterrahmen, eine grüne Haustür mit einem Oberlicht und einen blanken Messingdrücker." Genau so sahen die Häuser Nummer 23 und 25 auch 1970 noch aus – und nun würde man sie also bald in einem Freilichtmuseum anschauen können. Der Bürgerverein stellte seine Pläne öffentlich vor: Die Häuser sollten abgetragen und hinter dem noch heute stehenden Willschen Palais (das mit einer Denkmaltafel versehen ist) wieder aufgebaut werden.

Ein ländlicher Anblick inmitten der Großstadt: der kleine Vorgarten.

Die Eppendorfer freuten sich schon, und vor Ort startete sogar eine Sammelaktion, um Geld für Pflege und Unterhalt zusammenzubringen. Wer wollte, konnte einen symbolischen Baustein und ein Gedenkblatt mit einem Bild des Reetdachhauses für fünf Mark erwerben, und 10.000 Mark waren relativ schnell beisammen. Lokalhistoriker hatten übrigens ermittelt, dass es bereits auf der Eppendorfer Flurkarte von 1774 verzeichnet ist. Die Tageszeitungen veröffentlichten 1970 wehmütige Reminiszenzen an die Zeit „als unsere Großeltern hierher noch Sonntagsausflüge machten" und ähnliches mehr. „Längst ist die gemütliche Pferdebahn durch die elektrischen Nachfolger ersetzt worden", schrieb eine Zeitung damals. Diese Nachfolger sind nun allerdings auch schon wieder lange Geschichte.

Genau wie die Häuser Nummer 1 und 7 an der Ludolfstraße. Sie wurden im April 1970 dann doch sang- und klanglos abgerissen, und von der groß angekündigten Museumsidee war nichts mehr zu hören. Niemand wollte sich damals ernsthaft den Verbreiterungsplänen in den Weg stellen, aber was war mit der Idee von Abbau und Wiederaufbau an anderer Stelle? „Wir bekommen doch keinen Zapfen heil aus der Wand", verkündete der Abbruchunternehmer in einer Zeitung kategorisch (und wenig überzeugend) – und dabei blieb es. Ein Platz auf der Denkmalliste hätte den beiden Häusern übrigens nichts genützt. Der Beweis: Die beiden Hausnummern 23 und 25 (das Scheffler-Haus), die ja unter Denkmalschutz standen, wurden gleich mit abgebrochen. 1996 erfuhr das *Abendblatt* die Begründung: „Die Nummer 23 war baufällig und die Nummer 25 nicht mehr zu erhalten." So einfach ist das manchmal. Die zwei leeren Grundstücke standen dann noch bis 1984 in der Denkmalschutzliste. Karl Scheffler hatte in *Der junge Tobias* prophetisch geschrieben: „Alles nahm in einer künstlichen Weise städtischen Charakter an. Das Dorf begann, seine Vergangenheit zu verleugnen…". So ist es dann auch tatsächlich gekommen.

Der Monopteros im Haynspark.

Heute befindet sich am Platz der Nummern 1 und 7 eine betongefasste Grünanlage mit Bäumen mittlerer Größe. Sie sollte und soll, so das Konzept, das bei der Präsentation der Pläne einst verkündet worden war, den dahinter liegenden Haynspark bis zur Ludolfstraße erweitern. Ob dort für die alten Häuser trotz der Straßenverbreiterung von damals und weiterer Arbeiten in den Folgejahren heute noch Platz wäre, ist schwer zu beurteilen. Für die Nummer 1 und 7 wohl nicht, für die anderen gilt: vermutlich ja, wenn es auch knapp geworden wäre. Sabine Maurer und Maria Koser sind sich sicher: „Der Hauptgrund für den Abriss der Häuser fiel schließlich weg. Die Verbreiterung der Ludolfstraße kam in der geplanten Form nie zustande. Das ist alles sehr ärgerlich."

„Der Hauptgrund für den Abriss der Häuser fiel schließlich weg. Die Verbreiterung der Ludolfstraße kam in der geplanten Form nie zustande."

Zum Vergleich bietet sich ein Blick auf das Willsche Palais (Nummer 19) und den ehemaligen Brahmskeller (Ludolfstraße 43) an, die ungefähr auf gleicher Höhe mit den Nummern 7 und vor allem 23 und 25 standen. Dort konnte die Straße an den Bauten vorbeigeführt werden.

Die kleine Grünanlage wird mittelprächtig genutzt, wer will schon unmittelbar neben einer Verkehrsader eine Pause machen? Mehr noch: Wie alteingesessene Anwohner berichten, war es vor dem Abbruch im Haynspark deutlich ruhiger. Das Verschwinden der schützenden Häuser hat mit dazu beigetragen, dass der Autolärm bis tief in den Park hinein gut zu hören ist.

Hier stand das Reetdachhaus:

An der Ecke Ludolfstraße / Eppendorfer Landstraße (Nordseite). Die anderen, inzwischen abgebrochenen, Häuser schlossen sich nach Osten an.

Das Steckelhörnfleet war einst zu beiden Seiten dicht bebaut. So idyllisch wie auf diesem Bild lebte es sich dort aber keineswegs.

Steckelhörnfleet

Eine verschwundene Postkartenidylle

Hamburgs Marketingexperten erzählen immer wieder gerne, es gäbe in der Stadt mehr Brücken als in Venedig – und freuen sich dann an der Verblüffung der Nicht-Ortskundigen. In diesem Zusammenhang wird gerne auf das „Netz" aus Fleeten zwischen City und Speicherstadt verwiesen, in dessen Nähe auch noch ein Hauch des ganz alten, geheimnisvollen Hamburgs erlebbar sei.

Doch das Netz ist, um im Bild zu bleiben, längst nicht mehr so eng geknüpft wie in alten Zeiten. Fotos und Postkarten aus der Vor-

Von dem Fleet blieb nur ein ganz kleiner Teil am nördlichen Ende erhalten. Ganz rechts hinter dem Baum ist ein Stück der Katharinenkirche zu erkennen.

kriegszeit zeigen verschiedene, von windschiefen Fachwerkhäusern und Speichern gesäumte Wasserarme, die es so schon lange nicht mehr gibt. Es sind oft übrigens recht idealisierte Darstellungen. Denn die „pittoresken" Häuser entlang der Fleete, die über viele Jahrzehnte starker Feuchtigkeit ausgesetzt waren, hatten wenig Idyllisches.

„Zu Hamburg frug ich, warum so sehr die Straßen stinken täten? Doch Juden und Christen versicherten mir, das käme von den Fleeten."

Die Bausubstanz war oft schadhaft, die Wohnungen zumeist klein und äußerst einfach gestaltet. 1836 spottete Heinrich Heine (1797-1856): „Zu Hamburg frug ich, warum so sehr die Straßen stinken täten? Doch Juden und Christen versicherten mir, das käme von den Fleeten." Bei Ebbe entsorgten die Anwohner alle möglichen Abfälle ins Wasser, die dann bei Flut in die Elbe weitertransportiert wurden. Die einzigen, die davon profitierten, waren die Fleetenkieker (Fleetgucker), wenig empfindliche Leute, die, wie es in einem zeitgenössischen Text heißt, „ein Gewerbe daraus machten, die Fleethe nach weggeworfenen, aber noch verwerthbaren Sachen abzusuchen". Fleetenkieker ließen sich auch dafür bezahlen, versehentlich ins Wasser gefallene Dinge, wie zum Beispiel Schlüssel, aufzustöbern.

Die genaue Zahl der Fleete einst und jetzt ist schwer zu ermitteln. Immer wieder wechselten offizielle Namen und bloße Bezeichnungen, und manche scheinbar eigenständige Fleete waren genau genommen nur extra benannte Abzweigungen oder Verlängerungen anderer. Hinzu kommt, dass manche Quellen Teile der Speicherstadt mitrechnen, andere nicht. Das alles berücksichtigt, gab es um 1840 rund 30 Fleete in dem Gebiet Altstadt/Neustadt. Schon kurz nach dem Hamburger Brand (1842) und den Folgejahren hatte man circa zehn davon zugeschüttet. Nach dem Zweiten Weltkrieg wurden zahlreiche Fleete mit den Trümmern ihrer unmittelbaren Umgebung aufgefüllt und in Straßen umgewandelt, darunter Gröningerstraßen- und Katharinenstraßenfleet. Heute ist im Gebiet von Alt- und Speicherstadt noch ein gutes Dutzend vorhanden, die bekanntesten sind Alster- und Bleichenfleet.

Nach dem Krieg verschwand auch ein Fleet unter Asphalt, das einst als das malerischste von allen gegolten hatte und so oft abgelichtet wurde wie kein anderes: das Steckelhörnfleet. Es war nicht nur sehr pittoresk auf ganzer Länge und zu beiden Seiten von alten Häusern gesäumt, man hatte zudem von Süden, auf Höhe der Straße Bei den Mühren, einen beeindruckenden Blick über das Fleet hinweg genau auf den Turm der Nicolaikirche. Das Fleet war aus einem Entwässerungsgraben entstanden. Es verband das Nikolaifleet mit dem Zollkanal und trennte die Cremon-Halbinsel von der Grimm-Halbinsel.

Steckelhörn ist plattdeutsch und heißt „spitze Ecke" oder „Distelecke". In einem pathetischen Text des Künstlers Hans Förster (1885-1966) von 1937 ist zu lesen: „Das malerische Steckelhörnfleet! Wir blicken wieder gegen den an sich prachtvollen Nikolaiturm, umrahmt von altem Fleetenzauber. Welch ein köstliches Bild: Fern über dem Wasser bohrt sich das wundervoll gegliederte Steinfiligran des Turms gegen den Himmel, zu beiden Seiten von düsteren, reich bewegten Fronten umrahmt."

Als man nach 1945 Fleete zuschüttete, dürfte sich der Protest in engen Grenzen gehalten haben. Ihre einstige Funktion als Entwässerungskanäle und Transportwege hatten sie weitgehend verloren und in den Zeiten des notwendigerweise eiligen Wiederaufbaus hatten nur wenige einen Blick für die Reminiszenzen vergangener Tage. Etliche der kleinen Wasserflächen wurden für ein anderes „Netz" gebraucht, das nun immer wichtiger werden würde: das der Straßen. Außerdem gestaltete sich der Wiederaufbau der zerstörten Häuser von festem Untergrund aus deutlich leichter. Eine Wiederbelebung des Steckelhörnfleets wäre reizvoll und heute vermutlich auch technisch möglich. Aber sie wäre ein reines Luxusprojekt, für das es kaum Unterstützung geben dürfte. Der Dichter Friedrich Hebbel (1813-1863), der 1835 in Hamburg lebte und später immer mal wieder in die Stadt zurückkehrte, schrieb einst über Ecken wie diese: „Die Altstadt, mittelalterlich zusammengeschoben und finster wie sie ist, bietet Puncte dar, die unmittelbar aus Venedig herübergeholt zu sein scheinen. Hie und da führt eine Brücke hinüber, und über dem Wasser [...] gleiten die schwerbeladenen Jollen langsam fort, um bei irgendeinem Speicher anzuhalten."

„Wir blicken wieder gegen den an sich prachtvollen Nikolaiturm, umrahmt von altem Fleetenzauber."

Nicht nur das alte Fleet ist verschwunden, sondern auch die schöne Sichtachse. Der Blick auf den Nikolaiturm ist heute verbaut.

Hier erstreckte sich das Steckelhörnfleet:

Genau zwischen der Straße Steckelhörn und der Katharinenkirche. Ein kleiner Abschnitt hinter der Katharinenbrücke ist noch erhalten.

So eindrucksvoll thronte das „Donner-Schloss", Wohnsitz nur einer einzigen Familie, über Neumühlen. Im Krieg zerstört, wurde es 1949 abgerissen.

Donner-Schloss

Preußisches am Elbhang

Am östlichen Ende der Straße Neumühlen steht versteckt ein alter Zierbrunnen. Eingemauert und ziemlich zugewachsen, kann man ihn leicht übersehen. Was viele nicht wissen: Der ausgetrocknete Wasserspender erinnert wie einige Treppen und Mauerreste an einen gigantischen Landsitz, der einst auf dem darüber liegenden Hang seinen Platz hatte. Eine Spurensuche.

Oberhalb des Brunnens ist das Gelände hügelig – mal verlaufen die Wege ansteigend oder fast waagerecht, dann fallen sie wieder steil ab. Das Areal bildet den Donners Park – ein Name, der den meisten

Vom alten Schloss blieb nichts erhalten. Wie würde man es heute nutzen? Die große Rasenfläche ist im Sommer eine beliebte Picknickwiese.

Hamburgern kaum geläufig sein dürfte. Mitten im Park stand einst, mit Weitblick über die Elbe, das Donner-Schloss – ein Anwesen wie aus dem Märchen.

Mehr über dessen spannende Geschichte ist bei einem Besuch im Sitz des Bankhauses Donner & Reuschel am Ballindamm zu erfahren. Vorstandssprecher Marcus Vitt nimmt sich trotz eines vollen Terminkalenders Zeit für einen tiefen Blick in die Firmenchronik. Sogar einige Kassetten mit historischen Dokumenten stehen bereit, um den Eindruck noch plastischer zu machen. Vitt, der freundlich und unprätentiös auftritt, deutet auf ein Gemälde des Künstlers Gustav Marx (1855-1928), das im zentralen Konferenzraum hoch über der Binnenalster hängt. Es zeigt den längst untergegangenen Wohnsitz der Familie Donner am Elbhang. „Zukunft kommt immer auch von Herkunft", sagt Vitt. „Man muss wissen, auf welchem Boden man steht." Und so werden die Erinnerungen an das alte Donner-Schloss bei mehreren Tassen Kaffee wieder lebendig.

Der 1774 geborene Unternehmer Conrad Hinrich Donner (1774-1854) hatte es in Altona durch Mut und harte Arbeit zu großem Wohlstand gebracht. Um den sparsamen, unglaublich arbeitsamen Donner ranken sich viele kuriose Geschichten. So schickte er aus seinem Neumühlener Wohnsitz täglich einen reitenden Boten in die Stadt, um Post und Geschäftsunterlagen holen zu lassen. Jeden Abend um 22 Uhr musste der zurückgekehrte Reiter dann Meldung machen.

Ein kaum beachteter Brunnen unterhalb des Parks neben der Straße Neumühlen erinnert an das verschwundene Schloss.

Am 1. Januar 1798 hatte Donner ein Bankunternehmen gegründet, das binnen weniger Jahrzehnte Weltruf erlangte. Der Bankier und Spekulant bezeichnete sich bis zu seinem Tode aber schlicht als Kaufmann. Marcus Vitt zeigt alte Urkunden, Briefe und in Leder gebundene „Bilancen". Auffällig ist, wie aufwendig und stilvoll die Unterlagen damals gestaltet waren. Die handschriftlich verfassten Listen in den „Cassenbüchern" sind mit Tinte so gleichmäßig und gestochen scharf geschrieben, als seien sie hineingedruckt worden. Streichungen oder Verbesserungen sind nirgendwo zu entdecken.

Die Donners hatten von 1820 an in einem stattlichen Anwesen in Neumühlen gewohnt, dem einstigen Besitz der Familie Sieveking. Doch nachdem Conrad Hinrich Donner im Januar 1854 nach einigen ausgedehnten Neujahrsbesuchen überraschend gestorben war, fackelte sein Sohn nicht lange. Der 1808 geborene „Etatsrat" Bernhard Donner (1808-1865), der ein riesiges Vermögen erbte und obendrein mit der reichen Erbin Helene Schröder (1819-1909) verheiratet war, wollte offenbar klotzen statt zu kleckern.

Er ließ sein Elternhaus noch im Jahr 1854 abbrechen und bestellte den bekannte Berliner Baumeister Johann Heinrich Strack (1805-1880) ein. Der Schinkel-Schüler zeichnete unter anderem auch für das Babelsberger Schloss und die Berliner Siegessäule verantwortlich. Die beiden wurden sich handelseinig, und Strack übernahm die Planung für einen spektakulären Neubau.

1858, nach rund dreieinhalbjähriger Bauzeit, war das riesige Wohnhaus im Stil der Tudor-Gotik fertig, das wegen seiner großen Ausmaße im Volksmund nur noch Donner-Schloss genannt wurde. Auch Bernhard Donner selbst soll seinen neuen Wohnsitz so bezeichnet haben. Drumherum erschloss sich eine grüne Zauberwelt, die allen Besuchern Respekt einflößte. Neben plätschernden Kaskaden verfügte das Anwesen später sogar über einen Wasserfall, der von einer Hängebrücke überspannt war. Kurios: Die siebenköpfige Familie wohnte während der Wintermonate in einem großen Stadthaus an der Palmaille 31. Das neue Schloss, das sie vor allem als Sommerresidenz nutzte, lag nur weniger als einen Kilometer davon entfernt.

Marcus Vitt, Vorstandssprecher der Bank Donner & Reuschel, hält die lange Firmengeschichte in Ehren.

Preußischer Baustil in Altona – damit wollte Donner auch politische Überzeugungen ausdrücken, wie es in der Chronik des Bankhauses heißt. Für ihn lag die Zukunft nicht im dänischen Königreich (zu dem Altona damals ja noch gehörte), sondern in einem deutschen Nationalstaat unter preußischer Führung. Mit dem Donner-Schloss demonstrierte er, dass er beste Kontakte zu den Hohenzollern hatte und dass mit ihm zu rechnen war, wenn es um eine preußenorientierte politische Zukunft gehen würde. Dass Altona dann tatsächlich preußisch wurde, erlebte Bernhard Donner aber nicht mehr. Nach seinem Tode im Jahr 1865 führte Witwe Helene das große Anwesen noch lange alleine weiter. Über diese Zeit ist in dem Klassiker *Die Elbchaussee* von Paul Theodor Hoffmann (1891-1952) einiges nachzulesen.

Der Bankier Conrad Hinrich Donner (1774-1854) ließ sich das „Schloss" erbauen und gab dort gerne große Gesellschaften.

Die „Etatsrätin" galt demnach als Wohltäterin, die unter anderem das Altonaer Helenenstift und die Helenenkapelle spendierte. Zu den vielen Gästen, die im Schloss beherbergt wurden, gehörten unter anderem Kaiser Wilhelm I. (1797-1888) und der Feldmarschall Helmuth von Moltke (1800-1891). Josefa, die Tochter des Malers Wilhelm von Kaulbach (1805-1874), beschrieb das Ganze als einen Feenpalast, in dem eine Schar von Bediensteten „in grünen, kurzen Atlasbeinkleidern" herumschwirrte.

Doch in Neumühlen war es im Zuge der Industrialisierung immer ungemütlicher geworden, und Helene Donners Sohn, der auch Conrad Hinrich hieß, zog das Leben auf dem Land vor. Nach Helenes Tod im Jahr 1911 verkaufte er das Schloss an die Stadt Altona. Ein Schreiben aus dem Archiv der Bank belegt, dass der Schloss-Ankauf im Dezember 1911 von Altonas „städtischen Kollegien" genehmigt wurde, Kaufpreis: 800.000 Mark. Im Zuge der Altonaer Gartenbauausstellung wurde das Gelände 1914 zum öffentlichen Park, im Schloss brachte man unter anderem die Handwerks- und Gewerbeschule unter.

Das Ende des skurril-fantastischen Baus ist schnell erzählt. Nach Bombentreffern im Jahr 1943 blieb die Ruine des einst stattlichen Anwesens noch bis 1949 stehen, dann wurden die Reste gesprengt. Mit den Trümmern füllten Arbeiter den neben dem Schloss liegenden Mühlenteich auf, der heute nur noch eine Rasenfläche ist.

Mehr Bestand hatte das geschäftliche Erbe. Schon seit 1872 firmiert die Bank Conrad Hinrich Donner bereits in Hamburg. Zunächst lag sie am neuen Wandrahm, danach an der Gröningerstraße, mittlerweile am Ballindamm. Im Jahr 2009 fusionierte sie mit der Münchener Privatbank Reuschel & Co und heißt seitdem Donner & Reuschel.

„Man muss wissen, auf welchem Boden man steht.“

Marcus Vitt erzählt, dass einige der historischen Dokumente heute bei Treffen mit internationalen Kunden in Vitrinen ausgestellt werden. Als Geschäftsmann weiß er: Die Belege einer langen Firmentradition flößen Respekt und vor allem Vertrauen ein.

Damit ist klar: Das Altonaer Schloss machte einst zwar viel Eindruck. Aber in der langen Familien- und Bankgeschichte der Donners war es letztlich nur eine Episode.

Hier stand das Donner-Schloss:

Es erhob sich im heutigen Donners Park, zwischen Schopenhauerweg im Norden und Neumühlen im Süden. Das Schloss erstreckte sich östlich der Elbtreppe. Der ehemalige Mühlenteich im Südwesten wurde mit den Trümmern des Schlosses aufgefüllt. Dort deutet sich eine Senke an.

So wie auf dieser kolorierten Postkarte sah der Bahnhof auch 1973 noch aus. Dann wurde der angeblich marode Bau mit großem Aufwand abgebrochen.

Bahnhof Altona

Kaufhaus mit Gleisanschluss

„Fahren hier überhaupt noch Züge oder ist das nur ein Kaufhaus?“ Die heute in Altona so oft gehörte Frage hätte bis 1973 niemand stellen müssen. Denn das alte Bahnhofsgebäude in wilhelminischer Neogotik mit zahlreichen Zinnen und Türmen war weithin zu erkennen und sah genau so aus, wie man sich einen Bahnhof aus der Kaiserzeit vorstellt. Seit 1973 muss Altona ohne solch majestätisches Flair auskommen, der Bahnhof wurde abgerissen.

Kunsthistorikerin und Autorin Dr. Anne Frühauf, die unter anderem ausgewiesene Expertin für Fabrikarchitektur ist, spricht zum

Der heutige Bahnhof stand als „Kaufhaus mit Gleisanschluss“ von Anfang an in der Kritik – nicht nur bei den Bürgern von Altona.

Thema Klartext: „Wie so häufig zeigte die Bahn AG auch hier wenig Bewusstsein für den historischen Bestand. Auch nach so langer Zeit bleibt dieser Kahlschlag ein Akt der Stadtzerstörung.“

Rückblick: Seit 1844 hatte zunächst die König-Christian-Ostseebahn zwischen Altona und Kiel verkehrt. Bahnhof war damals ein Teil des Gebäudes, in dem heute das Bezirksamt Altona seinen Sitz hat. Mit dem Anstieg der Bevölkerungszahl im Verlauf der Industrialisierung und um das Zusammenwachsen von Altona und Ottensen nach der Eingemeindung zu fördern, wurde zwischen 1895 und 1898 dann der imposante rote Backsteinbau nach Entwürfen der Königlichen Eisenbahndirektion Altona 500 Meter weiter nördlich errichtet – Kaiser Wilhelm II. (1859-1941) eröffnete ihn höchstpersönlich. Der alte Bahnhof an der Palmaille diente nach Umbau und Erweiterung lange als Rathaus.

Bis in die Nachkriegszeit war der „Altonaer“ ein wichtiger Verkehrsknotenpunkt, bedroht erst durch den Ausbau der Hamburger

S-Bahn. Ein neuer S-Bahn-Tunnel hätte laut Bauplanung zwar auch unter das alte Gebäude gelegt werden können, doch die Bundesbahn entschied sich lieber für die Lösung Abriss und Neubau, die genauso teuer war. Der Hamburg-Historiker Prof. Franklin Kopitzsch sagt lakonisch: „Der Bahnhof sah aus wie eine Burg – eben sehr wilhelminisch. Damals gab es nicht viele, die so ein Gebäude erhalten wollten. Heute ist man da klüger geworden."

Anne Frühauf, Kennerin der Altonaer Stadtgeschichte und Architektur-Expertin, ist mit der deprimierenden Abrissgeschichte des Bahnhofs vertraut.

Klug war auch die Bahn, als sie einer Warenhaus AG das Grundstück für 600.000 Mark Jahrespacht zur Verfügung stellte. Schnell einigte man sich darauf, den Bahnhofs-Neubau mit einem modernen Kaufhaus zu verbinden – zum gegenseitigen Nutzen, denn beides versprach zahlungskräftige Kundschaft. Das sinnige Motto, unter dem das Projekt angekündigt wurde: „Umsteigen auf bequemes Einkaufen". Natürlich war mit Protesten aus der Nachbarschaft zu rechnen, denn zumindest die Bürger interessierten sich damals schon für Milieuschutz. Wie es in solchen Fällen häufiger mal vorkam, wurde – diesmal sogar in einer Info-Broschüre – verbreitet, das Gebäude sei durch Kriegsschäden stark in Mitleidenschaft gezogen und die Sanierung zu teuer.

Merkwürdig dann auch, was in einer Chronik der Ausstellungsgruppe Ottensen zu lesen ist: Der zwei Jahre (!) dauernde Abriss des angeblich so maroden Gebäudes war nämlich so schwierig, dass das Abbruchunternehmen darüber fast in Konkurs gestolpert wäre.

Der Verlust ihres Bahnhofs war für die Altonaer schwer zu verwinden – zumal eine rund zehnjährige Dauerbaustelle sie immerzu an die ganze Misere erinnerte. Ein damals oft benutztes Zitat: „Früher hatten wir einen Bahnhof, jetzt hat der Bahnhof uns."

Anne Frühauf, die auch Mitglied im Denkmalrat ist, verweist darauf, dass der Bahnhof über seine Stellung als Verkehrsknotenpunkt hinaus viele Jahrzehnte lang für die Bürger der Stadtteile Ottensen, Altona-Altstadt und Altona-Nord ein zentraler Treffpunkt gewesen war – nicht nur für Reisende. „Er war Orientierungspunkt, stiftete so urbane Identität und fungierte als ein Ort der Kommunikation und der Begegnung", sagt Frühauf.

Der schöne Stuhlmannbrunnen, hier im Jahr 1906, war nach dem Bau des neuen Bahnhofs halb unter die Erde verbannt – zum Glück nur vorübergehend.

Als wäre das nicht schon alles traurig genug, wurde 1980 (die Bauarbeiten dauerten aber noch vier Jahre länger) schließlich ein ziemlich unansehnlicher Nachfolger präsentiert – geduckt und schmucklos ist die zweigeschossige Bahnhalle unter dem fünfstöckigen Konsumtempel bis heute kaum zu finden. „Altonas Gesicht erstarrt in Beton", schimpfte eine Zeitung. „Ach wie war es ehedem mit dem alten Bahnhof schön" reimte eine andere, und ein Reisejournalist schrieb: „Verschnupft und entgeistert fährt man hier ab." So viel Qualität hat natürlich ihren Preis: Als dieses „Kaufhaus mit Gleisanschluss" fertiggestellt war, hatten die Beteiligten 200 Millionen Mark verbaut. Aber die Verschandlung am Paul-Nevermann-Platz ging munter weiter. Der wertvolle Stuhlmannbrunnen verschwand eine Etage tiefer (erst seit 2000 steht er wieder auf dem Platz der Republik), es wuchsen dunkle Gänge, Mauern, Poller. Als die Bushaltestellen auch noch an die südliche Bahnhofseite verlegt wurden, war die historische Achse Rathaus-Bahnhof endgültig unterbrochen. Prof. Kopitzsch: „Da blieb nur noch Stückwerk übrig, die Gebäude passen alle gar nicht mehr zusammen. Altona wurde im Krieg so stark zerstört, und nun leistete man sich noch eine Zerstörung."

Der Bund Deutscher Architekten (BDA) bezeichnete die Umgestaltung später als „abschreckende architektonische Leistung", und in einem Urteil des Oberverwaltungsgerichts heißt es: „Der Bahnhof ist von allerlei Mauerwerk umgeben, so dass der Bahnhofsvorplatz den Charakter eines städtischen Platzes weitgehend verloren hat."

Na toll: Der Adler, der einst über dem großen Rundbogenfenster an der Südfassade geprangt hatte, wurde in eine Parkhaus-Wand am neuen Bahnhof eingebaut.

Auch das Denkmalamt meldete sich mit Verspätung zu Wort und bekannte öffentlich, dass man das alte Gebäude – würde es noch stehen – nun doch als erhaltenswert eingestuft hätte. 1975 wurde dann das „Jahr des Denkmals" eingeläutet – zwei Jahre zu spät für den Bahnhof, der einst mit seinem gewaltigen doppeltürmigen Hauptportal an das Altonaer Stadtwappen erinnerte. Ein aus Sandstein gehauener preußischer Adler prangt heute ohne Bezug zu seiner Umgebung an der Ottenser Hauptstraße. Fast 75 Jahre war er über dem Portal des alten Bahnhofs zu sehen gewesen, und für die vorbeihastenden Passanten ist der steinerne Vogel die einzige Erinnerung an dieses einstige Wahrzeichen der Stadt Altona.

Doch damit nicht genug. Wie Anne Frühauf und ihre Co-Autoren Helmut Krumm und Gerd Riehm in dem Bauheft *Letzte Zeugen der Eisenbahngeschichte in Altona* deutlich machen, sind in der heutigen

Neuen Mitte Altona und in der unmittelbaren Umgebung nach langer Bautätigkeit mit vielen Abrissen im Wesentlichen nur noch drei historische Landmarken stehen geblieben: die Güterschuppen, die Kleiderkasse und der Wasserturm. „Sie setzen einen Kontrapunkt“, schreibt das Trio, „gegen die Gleichförmigkeit der neu bebauten Mitte Altona“, letztlich seien sie „die einzigen noch erlebbaren Überreste eines wichtigen, in seiner Ausdehnung ehemals stadtbildbestimmenden Verkehrsknotens“. Nur noch vage erinnern sie an die Zeit, als das Areal ein zentraler Arbeitsplatz für viele Menschen war. Heute dokumentieren das Fotos und Zeitzeugenberichte.

„Altona wurde im Krieg so stark zerstört, und nun leistete man sich noch eine Zerstörung.“

Letztlich wurde in der Umgebung des alten Bahnhofs dann genauso verfahren wie beim Hauptgebäude selbst: Vieles, was in wenigen Jahren zu erhalten gewesen wäre, verschwand sang- und klanglos. Das ging schon früh los. So ersetzt beispielsweise der jetzt denkmalgeschützte Wasserturm zwei ansehnliche Vorgänger aus den Jahren 1893 und ’95, die den Krieg beschädigt, aber noch funktionsfähig überstanden hatten. Scharf kritisiert das Autoren-Trio den Umgang mit diesem industriellen Erbe, das abgeräumt oder nicht selten bis zur völligen Funktionslosigkeit überplant und umgebaut wurde. Die Deutsche Bahn habe „durch Abriss Verschrottung und Verfall einmalige Anlagen [...] vernichtet“.

Hier befand sich der Bahnhof Altona:

Er stand an der Stelle des heutigen Bahnhofs: nördlich vom Paul-Nevermann-Platz, zwischen Ottenser Hauptstraße und Max-Brauer-Allee.

Das Haus, in dem Siegfried Lenz seit 1963 gewohnt hatte, wurde 2017 abgerissen.

Siegfried-Lenz-Wohnhaus

Hier entstanden Bestseller

Im November 2017 rollten ein Bagger und andere Baumaschinen zur Preußerstraße 4 im beschaulichen Stadtteil Othmarschen. Binnen weniger Stunden hatten sie von dem alten, unscheinbaren Haus nur noch Trümmer übrig gelassen, die kurze Zeit später dann ganz abgeräumt wurden. Der Abbruch kam nicht überraschend, vielmehr war er schon über Monate erwartet worden. Andernorts hätte diese Aktion kaum Interesse geweckt, denn nicht nur in Hamburg verschwinden in guten Wohngegenden schon seit Jahren ältere Einfamilienhäuser, die einen nur geringen materiellen Wert haben.

Heute steht dort ein moderner (und schicker) Neubau.

Kurze Zeit später werden sie dann durch schicke Neubauten ersetzt – nicht selten Mehrfamilienhäuser mit teuren Eigentumswohnungen.

Doch die kleine Villa an der Preußerstraße hatte für viele Menschen vor allem einen ideellen Wert gehabt. Mehr als 50 Jahre lang war sie das Zuhause des Schriftstellers Siegfried Lenz (1926-2014) gewesen, und die meisten seiner Werke waren zweifellos in diesem Haus entstanden.

Anfang der 1950er-Jahre hatte Lenz in Hamburg eine Festanstellung als Feuilletonredakteur gekündigt, um sein Glück als freier Schriftsteller zu versuchen. Nach einigen Anfangserfolgen konnte er sich das Haus in dem großbürgerlichen Elbvorort Othmarschen leisten, das er dann im Jahr 1963 mit seiner ersten Ehefrau Liselotte, genannt Lilo (1918-2006), bezog.

Siegfried Lenz, vielfach ausgezeichneter Schöpfer solcher Bestseller wie *Deutschstunde* und *Heimatmuseum*, hatte jahrelang ein eher ambivalentes Verhältnis zu seiner vornehmen Wohnadresse. In seinem Werk *Meine Straße* setzte er ihr ein liebevoll-ironisches Denkmal. Gleich am Anfang heißt es dort: „Nein, in diese Gegend wollten wir nicht ziehen. [...]. Uns wäre jede Gegend in Hamburg recht gewesen – ausgenommen der Stadtteil, in dem wir heute wohnen." Zwänge seien es gewesen, die er und seine Frau damals fürchteten, so der Erzähler – „Zwänge des Verhaltens, die man der hier wohnenden Gesellschaft nachsagt". Mit feiner Ironie beschreibt Lenz die für ihn quälende Anfangsphase vor Ort: „Sicher, wir sahen regelmäßig Persianermäntel vorbeigehen, beobachteten die morgendliche Abfahrt Zigarren rauchender Männer vorgerückten Alters, die von Chauffeuren weggekarrt wurden; [...] – doch wer unsere Nachbarn wirklich waren, das erfuhren wir lange nicht." Und den Weg zur benachbarten Edel-Einkaufsmeile Waitzstraße und zurück nach Hause nannte Lenz „ganz für mich, mein kleines Idiotendreieck".

Lorenz Flemming, der jahrzehntelang Lenz' Nachbar an der Preußerstraße war, und dessen „sahnefarbener, Prestige fördernder Senatorenbunker" in der Geschichte ebenfalls verewigt wurde, ist sicher: „Man kann sagen, dass Siegfried Lenz dort lange Zeit innerlich nie wirklich angekommen ist." Wenig bekannt ist, dass es sich bei der in dem Text erwähnten „überaus reizenden dänischen Frau eines hervorragenden Müllverbrennungsspezialisten" um Lenz' zweite Ehefrau Ulla handelt, die er – nach langer Freundschaft – 2010 schließlich heiratete.

Erst nach langer Eingewöhnungsphase wurde das teure Othmarschen dem unprätentiösen Schriftsteller schließlich vertraut. Lenz abschließend: „Viele Jahre wohnen wir jetzt hier, und in dieser Zeit haben wir uns aneinander gewöhnt, meine Straße und ich. Ja, es ist sogar mehr als Gewöhnung entstanden, das Gefühl nämlich, zu Hause zu sein."

In seinen letzten Lebensjahren hielt sich Siegfried Lenz dann nur noch sehr sporadisch an der Preußerstraße auf, und nach seinem Tod stand das Haus leer. Zeitweise wurde öffentlich die Idee diskutiert, vor Ort eine Art Gedenkstätte für den Schriftsteller und Hamburger Ehrenbürger einzurichten. Dass daraus nichts wurde, ist nicht sonderlich verwunderlich, und man kann Siegfried Lenz' Erben aus dem Abbruch keinen Vorwurf machen.

Das Haus aus der Zeit um 1910 war zwar ursprünglich mal ein Kleinod gewesen, danach aber über viele Jahre in einem schlechten Zustand verblieben. Siegfried Lenz hatte für einen Autoren seines Kalibers ganz ungewöhnlich bescheiden gelebt und so gut wie nichts in die kleine Villa investiert. Nachbarn berichten von dunklen, schlicht möblierten Räumen mit einfachster technischer Ausstattung. Lenz verbrachte in seinen letzten Lebensjahren zudem viel mehr Zeit im dänischen Haus seiner zweiten Ehefrau. Zuletzt, der Schriftsteller war mittlerweile meistens auf einen Rollstuhl angewiesen, bewohnten beide zusätzlich ein Apartment in einer Senioreneinrichtung.

Hinzu kommt: Siegfried Lenz hatte genau festgelegt und geregelt, in welcher Form an ihn erinnert werden sollte. Im Jahr 2014 wurde die von ihm ins Leben gerufene Siegfried Lenz Stiftung von der Stadt Hamburg anerkannt, die alle zwei Jahre den Siegfried Lenz Preis vergibt. Ein Museum in seinem ehemaligen Wohnhaus hatte sich Lenz nie gewünscht, und selbst wenn: Eine besuchergerechte Instandsetzung hätte große Summen verschlungen. Und was hätte man dort auch zeigen sollen außer vielleicht das einfache Arbeitszimmer des Schriftstellers? Lenz' literarischer Nachlass liegt im Literaturarchiv Marbach und ist dort für Forschungszwecke zugänglich.

Dass es sich manche Lenz-Fans trotzdem anders vorgestellt hatten, liegt nicht zuletzt daran, dass es in Hamburg keinen Ort gibt, an dem an den Wahlhamburger und Ehrenbürger erinnert wird. Eine Straße wurde bis heute nicht nach Lenz benannt, obwohl es immer wieder Vorstöße dafür gegeben hat. Eine Siegfried-Lenz-Schule gibt es zwar – allerdings im schleswig-holsteinischen Handewitt. Nicht viele berühmte Schriftsteller hatten und haben ihren Wohnsitz in Hamburg, aber letztlich bleibt für Lenz-Fans nur der Besuch an seinem Grab auf dem Groß Flottbeker Friedhof, um ihrem Idol innerlich nahe zu kommen.

Hier stand das Wohnhaus von Siegfried Lenz:

Die Adresse lautete: Preußerstraße 4.

Die kolossale, nach Plänen von Fritz Schumacher erbaute Stadthalle stand nur rund 20 Jahre.

Stadthalle im Stadtpark

Prachtbau bietet Platz für 10.000 Gäste

Viele allein stehende Bauten sind, bundesweit, von den Zerstörungen des Zweiten Weltkriegs verschont geblieben, weil keine Brände von Nachbarhäusern auf sie übergreifen konnten. Zahlreiche öffentliche Gebäude wie Museen, Kirchen und Schulen haben die Bombardierungen deshalb überstanden, aber auch, weil sie oft durch Brandwachen gesichert waren, die kleinere Feuer, vor allem in den Dachbereichen, schnell löschen konnten, und isolierte Bombentreffer auf allein stehende Häuser waren eher selten.

Der riesigen Stadthalle im Stadtpark war dieses Glück nicht

Wo die Halle einst stand, befindet sich heute das Rondeel, auf dem Modellboote fahren. Teile der Gewölbe sind dahinter noch erhalten.

beschieden: Sie wurde, ganz alleine liegend, bei einem Luftangriff im Juli 1943 weitgehend zerstört und dann Anfang der 1950er-Jahre abgerissen. Das gleiche Schicksal ereilte das Parkcafé und die Milchhalle, die nicht weit entfernt ebenfalls im Stadtpark standen. Möglicherweise haben einige im Park stationierte Flugabwehrraketen (Flak) die fatalen Angriffe ausgelöst. Wer sich heute beim östlichen Ende des Stadtparksees umschaut, findet eine ungewöhnlich große Treppenanlage, die zum Wasser hinunterführt, aber bei genauerer Betrachtung in dieser Dimension ziemlich sinnlos wirkt. Die Treppe bildet zusammen mit einigen südlich davon liegenden gewölbeartigen Unterständen die letzten Reste des einstigen Prachtbaus. Auf einem Teil der Grundfläche der Halle befindet sich das kreisrunde Becken, auf dem Modellbauer ihre Boote fahren lassen.

Ein Prachtbau – das war die Stadthalle wirklich, zumindest was ihre Größe betraf. Sie war einst ein wichtiger Teil des Gesamtkunstwerks Stadtpark, gestanden hat sie dort aber nur knapp 20 Jahre.

1902 hatte die Stadt das Sierich'sche Gehölz und einige andere Ländereien aufgekauft, um daraus eine dringend benötigte öffentliche Grünanlage zu machen. Planung und Gestaltung des mehr als 150 Hektar großen Areals gingen nach langem Hin und Her erst unter Federführung von Fritz Schumacher (1869-1947) und Ferdinand Sperber (1855-1933) relativ zügig voran, und der Park konnte 1914 eröffnet werden. Der Bau der Gastronomien vor Ort, darunter der Stadthalle, verzögerte sich durch den Beginn des Ersten Weltkriegs allerdings deutlich. Der Rohbau der Halle war in den Jahren 1912 bis 1916 errichtet worden, die Fertigstellung erfolgte erst 1924. Aufgrund der allgemein kritischen Wirtschaftslage hatte das Gebäude, das zwischenzeitlich auch für militärische Zwecke genutzt worden war, seit Kriegsende bis 1922 leer gestanden. Erst nachdem einem künftigen Pächter relativ günstige Konditionen und ein entsprechender Vertrag angeboten worden waren, konnte der Betrieb dort aufgenommen werden.

Der Park war nach einem relativ neuen, zukunftsweisenden Konzept entwickelt worden. „Angesichts einer durch Industrialisierung und städtische Verdichtung als naturfern empfundenen Lebensweise sollten Gärten eine Natur zum Anfassen schaffen", heißt es dazu in der Jubiläumsbroschüre *Stadtpark 1914-2014*. „Benutzbare Gärten sollten den Städtern eine Naturnähe zurückgeben, die sie beim bloßen Spazieren und Schauen in den alten Gärten nicht erfahren konnten."

Während sich heute in so ziemlich allen Stadtteilen „Subzentren" mit Restaurants und Cafés finden, häufig mit Außengastronomie, sah es in der Umgebung des Stadtparks vor 100 Jahren damit völlig anders aus. In Winterhude und dem „Arbeiterstadtteil" Barmbek gab es damals vor allem Kneipen und kleinere Speisewirtschaften, die nicht selten in Kellern lagen. Die Menschen waren weit weniger mobil als heute, längere Wochenendausflüge und weite Ferienreisen konnten sich die wenigsten leisten und viele nicht einmal vorstellen. Entsprechend zog es an Sonntagen und in den Sommerferien Tausende in die wenigen Naherholungsgebiete, also zum Elbstrand oder eben in den Stadtpark. Letzterer wurde noch attraktiver, nachdem der See 1936 zum Freibad umgebaut worden war, das noch heute existiert. Von 1921 an fuhr die Straßenbahn bis zur Stadthalle, die außerdem mit dem

Alsterdampfer-Pendelverkehr von der Haltestelle Mühlenkamper Fährhaus über den Goldbekkanal gut erreichbar war.

Wie in der Jubiläumsbroschüre nachzulesen ist, stellte Fritz Schumacher fest: „Die Stadthalle ist recht eigentlich ein Stück Gartenarchitektur." Der Grund für diese Einschätzung: Sie wirke räumlich in den Park hinein. Der pompöse, dreiteilige Saalbau bot offiziell Platz für 10.000 Besucher, vermutlich wären auch noch mehr untergekommen. Es gab einen Kuppelsaal mit einem Deckenbild von Otto Fischer-Trachau (1878-1958), einen Nebensaal (Roter Saal) und einen Hochzeitssaal. Von der weitläufigen Terrasse samt Bootsanleger hatte man einen phänomenalen Ausblick, denn der Standort war nicht zufällig gewählt: Die Halle bildete einen Endpunkt auf der Sichtachse über See, Freibad und Festwiese bis zum Planetarium. Erst mit diesem Bau hatte die „Wiesenachse" ihren prachtvollen Abschluss, und auf besondere Weise vereinigte sie Park- und Großstadtflair.

Eine Alternative zum Rummel der Stadthalle war das etwas kleinere Parkcafé auf der Nordseite des Sees, das für eine ruhige Kaffeestunde nach dem Mittagessen ebenfalls verhältnismäßig viel Luxus bot. Unter anderem beeindruckte es durch eine stilvolle Architektur mit Bogengängen und einer Kuppel. Es hatte einen kleinen Hafen und nach rechts und links verliefen direkt am Wasser Uferpromenaden um den See, die heute ebenfalls verschwunden sind.

Der Stadtpark ist vor allem im Sommer einer der meist besuchten Punkte in der Stadt und gilt bei Jugendlichen als Hot Spot. Könnten Halle und Café heute die vielen „Wildgriller" und die Tausenden Partymacher, die stundenlang ziemlich heimat- und orientierungslos in der Gegend herumstehen, an heißen Sommerabenden irgendwie kanalisieren? Niemand kann diese Frage beantworten.

Hier stand die Stadthalle:

Auf dem Stadtparkgelände Höhe Südring 7, dort, wo jetzt das Rondeel liegt.

Der alte Kaispeicher A mit dem weithin sichtbaren Zeitball galt als architektonisches und technisches Meisterwerk.

Kaispeicher A

Ein Wahrzeichen verschwindet

Die Elbphilharmonie ist eines der faszinierendsten Wahrzeichen Hamburgs und ein wichtiger Publikumsmagnet. Die exponierte, schöne Lage spielt dabei eine wichtige Rolle, und niemand kann sich diesen Platz mehr ohne die „Elphi" vorstellen. Über Jahrzehnte hatte ein anderer interessanter Bau dort, an der Spitze der heutigen HafenCity, das Blickfeld dominiert: Der Kaispeicher A mit dem Zeitball. Auch dieser Speicher wurde im Zweiten Weltkrieg weitgehend zerstört, der kaum beschädigte Turm 1963 gesprengt und abgetragen. Rückblick auf ein Gebäude, das archi-

Ein neues Wahrzeichen hat ein altes ersetzt:
Auf dem Kaiserhöft steht heute die Elbphilharmonie.

tektonisch ausgeklügelt war, jahrelang modernste Technik bot und ebenfalls lange zu den Wahrzeichen der Stadt gehört hatte – zumindest zu denen des Hafens:

Der Kaispeicher war nach Plänen des Wasserbaudirektors Johannes Dalmann (1823-1875) gebaut und 1875 fertiggestellt worden – und zwar genau auf der damaligen John'schen Ecke. Damit bezeichnete man in Hamburg die westlichste Spitze des Großen Grasbrook, der heutigen HafenCity. Der Name geht zurück auf eine heute längst vergessene Traditionswerft, die dort einst ihren Sitz hatte. Aufgrund der aufwendigen Umgestaltung der Hafenbecken vor Ort im Zuge des Hafenausbaus war der Grundriss des Baugrunds – genau zwischen dem Dalmannkai am Sandtorhafen und dem Kaiserkai am Grasbrookhafen – trapezförmig, was an Architektur und Bauausführung besondere Anforderungen stellte. Die Spitze des Kaiserhöft, die sehr häufig mit der Kehrwiederspitze verwechselt wurde und wird, war schließlich komplett mit dem Kaispeicher bebaut: Hinter dem rund 50 Meter hohen Turm an der westlichsten Ecke lag ein großer Innenhof, dessen Ränder die Speichergebäude bildeten. Der unterkellerte Bau hatte über dem Erdgeschoss zur Lagerung vier Böden und bot rund 19.000 Quadratmeter Lagerplatz. Außen waren mehrere Kräne installiert, die das direkte Be- und Entladen auch großer Seeschiffe möglich machten. Zum Abtransport der Güter waren auf den beiden Kais Schienen der Hafenbahn verlegt und mit dem damaligen Berliner Bahnhof verbunden worden. Der Kaispeicher ähnelte den Lagerhäusern der Speicherstadt stark, war aber ungleich imposanter, was nicht zuletzt an dem eindrucksvollen Turm lag. Die Bezeichnung Kaispeicher A wurde relevant, nachdem die Stadt 1890 einen weiteren Speicher erworben hatte, der danach offiziell als Kaispeicher B bezeichnet wurde. In ihm befindet sich heute das Internationale Maritime Museum Hamburg. 1892 wurde der Kaispeicher A bei einem Großfeuer schwer beschädigt, zeitgenössische Fotos zeigen sogar, dass damals nur noch seine Außenmauern standen. Mit viel Aufwand wurde er wieder aufgebaut – was man sich dann mehr als 50 Jahre später sparte.

Blick vom Turm in den Hof des Kaiserspeichers 1877, links der Dalmannkai am Sandtorhafen.

Clou des Kaispeicher A war der Zeitball, der seit September 1876 an einem Gerüst oben auf dem Turm hing. Die Deputation für Handel und Schifffahrt gab damals unter anderem bekannt: „Der Zeitball hat einen Durchmesser von 1,5 Met., ist von schwarzer Farbe und befindet sich, wenn er ganz aufgezogen ist, 55 Met. über Hochwasser und 52 Met. über dem Kai.“

Immer genau zur Mittagszeit nach Greenwich (dem Nullpunkt der Längenmessung) fiel der Ball weithin sichtbar drei Meter tief nach unten in den korbartigen Abschluss des Gerüsts. Auf diese Weise konnten die Schiffsführer der Umgebung ihre Borduhren überprüfen. Damit der Betrachter sich innerlich etwas darauf vorbereiten konnte, wurde der Ball zehn Minuten vor diesem Zeitpunkt halb hoch gezogen, drei Minuten vorher dann ganz. Ausgelöst wurde der Mechanismus per Knopfdruck von Mitarbeitern der Sternwarte, die sich damals dort befand, wo heute das Museum für Hamburgische Geschichte (Hamburgmuseum) steht. Dafür war eigens ein elektrisches Kabel von der Warte zum Speicher verlegt worden. Die Hamburger Sternwarte steuerte übrigens auch die Zeitbälle in Bremerhaven und Cuxhaven. Ab 1899 erfolgte das Ganze dann automatisch. Es gab sogar einen roten Notball, der zum Einsatz kam, wenn der Mechanismus, warum auch immer, einmal nicht funktionierte. Solche Zeitbälle fanden sich damals in vielen Hafenstädten – mitunter sollen es weltweit 130 gewesen sein. Ab Anfang der 1930er-Jahre ersetzten modernere und noch genauere Messgeräte die Zeitbälle. Ende Mai 1934 veröffentlichte die Wirtschaftsbehörde eine knappe Bekanntmachung: „Vom 1. Juni 1934 ab werden die Zeitzeichen durch den Zeitball auf dem Kaispeicher A nicht mehr gegeben" – die Anlage wurde stillgelegt. Weniger auffällig als der Ball waren die insgesamt vier weithin sichtbaren Anzeiger an den Seiten des Turms, an denen sich der jeweilige Wasserstand wie an den Zifferblättern großer Uhren ablesen ließ.

Am 27. Februar 1963 vermeldete das *Hamburger Abendblatt*: „Maßarbeit leistete gestern ein Sprengkommando auf dem Kaiserhöft im Freihafen. Punkt 15.55 Uhr legte sich der Signalturm des einstigen Kaispeicher A auf die Seite und krachte fast zentimetergenau auf die vorausberechnete Stelle." Etwas pathetisch könnte man rückblickend dazu bemerken: Der Turm hatte also zum letzten Mal seine Pflicht erfüllt. Die Zeitung schrieb zwar von einem „berühmten Hafenwahrzeichen", beeilte sich dann aber, dem Zeitgeist

„Punkt 15.55 Uhr legte sich der Signalturm des einstigen Kaispeicher A auf die Seite und krachte fast zentimetergenau auf die vorausberechnete Stelle."

entsprechend darauf hinzuweisen, dass der Turm seine einst wichtigen technischen Funktionen mittlerweile längst verloren habe. Der Artikel endete mit einer Ankündigung: „Aber das Kaiserhöft soll nicht ohne Wahrzeichen bleiben – Strom- und Hafenbau, die Hafen-Lagerhausgesellschaft und ein Architekt planen ein neues auffälliges Bauwerk an dieser ‚Ecke' des Hafens, ein Bauwerk, das wiederum zum Wahrzeichen werden soll."

Es ist fraglich, dass der Abbruch eines fast 88 Jahre alten städtischen Wahrzeichens heute immer noch so unkritisch beschrieben werden würde und dass man die „Maßarbeit" der Sprengmeister dabei sogar deutlicher in den Mittelpunkt stellen könnte als den alten Traditionsbau selbst. Zu viel ist seitdem in Hamburg zerschlagen und abgeräumt worden, und zu oft hat es im Zuge dieser Arbeiten irgendwelche visionären Versprechungen gegeben, die dann nicht eingehalten wurden und für viele Hamburgerinnen und Hamburger enttäuschend endeten. In diesem Buch finden sich zahlreiche Beispiel dafür, verwiesen sei hier nur auf die Nachfolgebauten von Altonaer Bahnhof und der nördlichen Esplanade.

Der 1966 fertiggestellte Kaispeicher A war wesentlich schmuckloser als sein Vorgänger.

Im Übrigen ist es auch fast tragikomisch, dass im Zusammenhang mit dem Abriss des Baus immer mal über Turm und Zeitball berichtet wurde, aber nur sehr wenig über den alten Speicher selbst. Heute wird in Hamburg um jede Mauer gekämpft, die mit Schmumachers Backstein in Verbindung gebracht werden könnte, doch damals wurden ziemlich bedenkenlos die Reste eines Speichers abgetragen, der nicht nur ein Meisterwerk der Statik war, sondern ein ganz frühes Beispiel der Hamburger Backsteinarchitektur.

Das 1963 angekündigte „auffällige Bauwerk“, das anstelle des alten Kaispeichers ein neues Wahrzeichen hätte werden sollen, wurde 1966 fertiggestellt. Der Speicher des Architekten Werner Kallmorgen (1902-1979) erfüllte durchaus hohe bauliche Anforderungen und war hoch effizient. Wie solide und zukunftsweisend er konzipiert war, zeigt sich nicht zuletzt daran, dass die Elbphilharmonie später auf seinen Fundamenten errichtet werden konnte. Doch der funktionale, äußerlich völlig schmucklose und unoriginelle Bau unterschied sich in einem wesentlichen Punkt von seinem Vorgänger: Er wurde keineswegs zu einem Wahrzeichen des Hafens oder gar der Stadt. Viele Hamburgerinnen und Hamburger dürften ihn kaum bewusst wahrgenommen haben – und wer erinnert ihn heute überhaupt noch? Erst mit der Fertigstellung der Elbphilharmonie im Jahr 2017 steht auf dem Kaiserhöft wieder ein Wahrzeichen – viele Jahrzehnte nach der Zerstörung des alten.

Hier stand der Kaispeicher A:

Am westlichsten Ende des Kaiserkais, dem Kaiserhöft, dort, wo jetzt die Elbphilharmonie steht. Heutige Anschrift: Platz der Deutschen Einheit.

Die Brauerei-Anlage auf einem kolorierten Fotos aus der Zeit um 1900. Von den Industrieanlagen auf dem Gelände ist nichts zu sehen.

Elbschloss-Brauerei

Zuerst verschwand das Bier

Bier aus Hamburg. Dafür stand von 1881 bis 1995 die Elbschloss Brauerei an der Elbchaussee. Mitte der 1990er-Jahre entschloss sich die Dortmunder Brau und Brunnen AG dann, die Produktion zu verlegen und umzustellen. Damit endete nicht nur die lange Braugeschichte, sondern eine ganze Biermarke blieb auch auf der Strecke: das Elbschloss Bier.

Im Jahr 1881 hatte eine Gruppe ehrbarer Kaufleute unter Federführung des Fabrikanten Lührs den Bau der Brauerei auf den Weg gebracht. Ort des Geschehens war ein Geschäftsstammtisch in der

Die elegante Senioren-Wohnanlage „Elbschloss Residenz“ steht heute auf einem großen Teil des Geländes.

damaligen Brauerei Teufelsbrücke an der Elbe, das Aktienkapital betrug 1,5 Millionen Mark. Die Aktionäre hatten sich als Standort den weitläufigen Park eines klassizistischen Gebäudes ausgesucht, das von 1804 bis 1806 von dem dänischen Architekten Christian Frederik Hansen (1756-1845) für den Kaufmann Johann Heinrich Baur (1730-1819) errichtet worden war. Der schöne Bau war in der Gegend als „Elbschlösschen“ bekannt, und der Name war so populär und klangvoll, dass er – in leicht abgewandelter Form – zu dem der Brauerei wurde.

Heute residiert in dem Elbschlösschen die Hermann Reemtsma Stiftung, die sich seit Jahren erfolgreich für kulturelle und soziale Projekte engagiert. „Dass sein nobles Landhaus einmal Ausgangspunkt für eine Brauerei und einen Biergarten wurde, hätte sich der königlich-dänische Architekt C. F. Hansen wohl nicht vorgestellt“, sagt der Geschäftsführer der Stiftung, Dr. Sebastian Giesen. „Seine charakteristischen Entwürfe, die klaren Grundrisse und prägnanten Bauformen haben aber etwas Zeitloses, ja Ikonisches.“

Der Bau der Anlage begann ein Jahr später, ausgeführt von einem Frankfurter Ingenieurbüro. Die langgezogene Mälzerei wurde, wenn auch leicht versetzt, dicht an das Elbschlösschen herangebaut, sodass sie es seitdem aus Blickrichtung Elbchaussee teilweise verdeckt. Bier- und Malzproduktion starteten im Jahr 1883, drei Jahre später folgte der Übergang von natürlicher auf künstliche Kühlung. So begann eine Erfolgsgeschichte. „Ein tiefdunkles Bier nach Art des Kulmbacher" wurde den Gästen zur Eröffnung angekündigt, die ersten Biere hießen dann allerdings „Elbschloss Hell" und „Elbschloss C(h)ristal". 1918/19 kaufte das Unternehmen die benachbarte Exportbrauerei Teufelsbrücke („Dübelsbrücker") auf, den Ort seiner eigenen Entstehung, und legte mit der umgehenden Stilllegung einen Konkurrenten buchstäblich trocken.

Nachdem die schwankenden Geschäfte nach dem Zweiten Weltkrieg in den Jahren des „Wirtschaftswunders" wieder kräftig angezogen hatten, wurde das Unternehmen 1956 modernisiert. Von 1982 an firmierte es als AG, später ging es dann in den Besitz der Brau und Brunnen AG über. Im Juni 1995 wurde bei Elbschloss dann letztmalig eine Flasche Ratsherrn-Pils abgefüllt, Anfang Juli lief das letzte Fass vom Band. Die Produktion wechselte zur ebenfalls zu Brau und Brunnen gehörenden Bavaria-Brauerei auf St. Pauli, danach wurde der alte Standort systematisch ausgeschlachtet, Brauanlage und Fuhrpark ins Ausland verkauft. Die Begründung für das Aus nach 118 Jahren: zu geringe Auslastung.

Im Februar 1996 begleitete das *Hamburger Abendblatt* eine spektakuläre Umzugsaktion: Damals schwebte ein riesiger Metallzylinder über die Elbchaussee und senkte sich im Zeitlupentempo auf einen Tieflader. Der erste von sechs Gärtanks wurde verladen – fünf weitere folgten. Die Kolosse, die jeweils rund 9.000 Hektoliter fassten, traten damals die Reise zur Pitber-Brewery nach Rumänien an, wo Brau und Brunnen fortan die Braukapazität erweitern konnte. Im Juni 1999 wurde das rund 54.000 Quadratmeter große Gelände an das Unternehmen August Priehn und den britischen Chelsea Harbour Club verkauft, die kurz danach ihre Pläne für die Umgestaltung des Geländes veröffentlichten. Schon damals war klar: Das denkmalgeschützte Elbschlösschen würde erhalten bleiben, die um 1880 erbaute Mälzerei und der mächtige Klinkerbau mit dem Restaurant „Schmetzer" ebenfalls. Über den Kaufpreis für das riesige Gelände samt Immobilien in allerbester Elbblick-Lage wurde viel spekuliert. Insider gehen davon aus, dass es damals rund 200 Millionen Mark gekostet haben dürfte.

Alte Postkarten, Luftaufnahmen und Werbebroschüren zeigen die alte Brauerei als ein Sammelsurium verschiedener Gebäude mit zahlreichen hohen Schornsteinen. Viele Lagerhallen, Verwaltungshäuschen und sonstige Betriebsgebäude waren trotz immer wieder erfolgter Renovierungen im Kern noch erhalten und wären heute möglicherweise interessante Anschauungsobjekte lebendiger Industriearchitektur vor Ort. Quellen zeigen allerdings, dass sich die Anwohner in der Nähe der Elbchaussee über viele Jahrzehnte von den Ausdünstungen der Brauerei gestört gefühlt hatten, und mittlerweile ist eine solche Industrieanlage inmitten eines (teuren) Wohnviertels gar nicht mehr vorstellbar.

Wer sich heute vor Ort umschaut und nichts über die Vorgeschichte des Areals weiß, kann nicht mehr erkennen, dass hier einst erfolgreich Bier gebraut wurde. Zu finden ist neben dem Elbschlösschen noch die einstige denkmalgeschützte Mälzerei von 1892, die, von Architekt Hadi Teherani aufwendig umgestaltet, inzwischen Sitz der Reederei Peter Döhle Schifffahrts-KG ist. Auch die ebenfalls denkmalgeschützte Fassade des ehemaligen „Brauereiausschank", in dem das Restaurant „Schmetzer" zuletzt gutbürgerliche Küche geboten hatte, ist erhalten – als Teil der feudalen Senioren-Wohnanlage Elbschloss Residenz, deren Gebäude seit 2001 einen Großteil des einstigen Geländes bedecken. Den Rest nehmen acht Mehrfamilienhäuser mit Luxuswohnungen ein. Sebastian Giesens Fazit dazu: „Wunderbar, dass einige Bauten alle Zeiten überdauert haben. Und schließlich gibt es seit einigen Jahren auch wieder ein sehr gutes Hamburger Ratsherrn-Bier."

Hier stand die Elbschloss-Brauerei:

Sie erhob sich auf dem Gelände der Elbschloss Residenz, Elbchaussee 374. Die ehemalige Mälzerei (im Osten) und der ehemalige Ausschank (im Südwesten) sind erhalten.

Ein bisschen Pariser Oper, ein bisschen Disneyland: Stilistisch war die 1889 erbaute Volksoper schwer zu definieren.

Volksoper

Kurioses Schloss an der Reeperbahn

Stellen Sie sich vor, Sie fahren aus der Stadt in Richtung Altona und blicken rechter Hand an der Ecke Reeperbahn/Millerntor auf ein riesiges altes Gebäude mit Kuppeln, Türmen und einem Engel oben drauf. Es sieht so ähnlich aus wie die Wiener Oper, aber eigentlich ist der Stil gar nicht genau festzulegen. Mehr als 50 Jahre lang hatte ein solcher Monumentalbau tatsächlich das Entree zur Reeperbahn, damals Nummer 98, gebildet.

Im Herbst 1917 eröffneten die Österreicher Carl und Alexander Richter hier die „Hamburger Volksoper“, die dem Publikum über Jahr-

Ein Büroklotz steht heute auf dem Areal. Er ist Nachfolger des Millerntor-Hochhauses, das 1995 gesprengt wurde.

zehnte künstlerisch hochwertige Unterhaltung auf eher leichte Weise präsentierte. Das kolossale Bauwerk stand damals schon seit 28 Jahren. Anfang Dezember 1889 war es nach nur rund einjähriger Bauzeit fertiggestellt worden – und der Anblick muss atemberaubend gewesen sein. Das damalige „Concerthaus Ludwig" beeindruckte unter anderem mit einem zum Millerntorplatz gelegenen, von einer Kuppel gekrönten Wintergarten samt riesiger Palme, der im Inneren einer Grotte nachempfunden war.

Die Zeitung *Reform* schrieb damals: „Den Glanzpunkt […] bildet jedoch der Wasserfall, der von der Spitze des Gebäudes durch drei Etagen herabfällt. Wie über die via mala führt über diesen Wasserfall eine geschmackvolle Brücke, an der sogar das Mutter-Gottes-Bild nicht fehlt." 2.000 Sitzplätze waren fürs Publikum reserviert, das Orchesterpodium bot 800 Personen Platz, sodass auch spektakuläre Auftritte mit mehreren Chören möglich waren. Zum Angebot gehörten eine Dachterrasse, ein riesiger Biersaal im altdeutschen Stil, ein

Hochzeitssaal – „im edelsten Geschmack der französischen Renaissance“ – und zwei Kegelbahnen.

Von Anfang an war das Concerthaus schwer zu bespielen und vor allem zu füllen. Auffallend häufig wechselte es seinen Namen, hieß vor der Jahrhundertwende „Konzert-Haus Hamburg“ und nach einem radikalen Umbau im Jahr 1910 „Deutsches Operetten-Theater“. Als „Neue Oper“ schlitterte es nach dem Beginn des Ersten Weltkriegs und den damit verbundenen Schwierigkeiten in die Pleite, bevor die Brüder Richter 1917 das Ruder herumrissen. Ihr Rezept: Wie der Name „Volksoper“ schon deutlich machte, mixten die beiden leichte Muse und Anspruchsvolles – Opern, Operetten und Revuen wechselten einander ab.

Das Konzept funktionierte vor allem in den „Wilden Zwanzigern“, zumal es den Richters gelang, ganz große Namen nach Hamburg zu locken und so für schwarze Zahlen zu sorgen. Der Hamburger Theaterhistoriker Paul Möhring (1890-1976) belegt in seinem Buch *Die Hamburger Volks-Oper 1917-1925*, dass etliche Hamburger Erstaufführungen dort über die Bühne gingen und für volle Ränge sorgten. Der weltberühmte Richard Tauber gab an der Volksoper sein Hamburger Debüt, die Pawlowa (1891-1931), Mary Wigman (1886-1973) und das Warschauer Ballett tanzten an der Reeperbahn. 1920 zog das „Café Heinze“ in einen schicken Art-déco-Neubau an der Stelle des ehemaligen Wintergartens und entwickelte sich rasch zu einem beliebten Treffpunkt.

Wer sich heute die uneinheitliche, stellenweise auch langweilige Bebauung entlang der Reeperbahn ansieht, kann sich nur schwer vorstellen, wie spektakulär die Musentempel jener Jahre mit ihren Schnörkelfassaden und der grellen Beleuchtung auf die Kiez-Besucher gewirkt haben müssen.

Auf der gegenüberliegenden Straßenseite an der Ecke Zirkusweg lag das Ballhaus Trichter, als „Hornhardts Etablissement“ dank Kuppeldach und Aussichtsturm ein weiterer sehr bekannter Revuepalast, an den das Kino „Schauburg St. Pauli“ direkt angebaut war. Über Jahrzehnte bildeten Volksoper und Trichter den funkelnden Eingang zur Reeperbahn, die nicht zuletzt wegen ihrer originellen Architektur einen viel schrilleren Glamour verbreitete als heute.

Der Autor des Reiseführers *St. Pauli, wie es leibt und lebt* schwärmte: „Wer im Abenddunkel von der Stadt herkommend sich dem ehemaligen Millernthore nähert, dem erscheint St. Pauli wie eine magische Feenwelt. Hoch oben in den Lüften erstrahlen elektrische Sonnen, und eine Unzahl von Bogenlampen verbreiten eine blendende Helligkeit über das Grün des frischen Laubwerks der hellen Bäume."

Mit seiner aufdringlichen Eleganz, dem Zuckerbäckerstil und den wenig harmonischen Proportionen wirkte das Haus bemüht Ehrfurcht gebietend und auch reichlich kurios. Im Volksmund wurde kolportiert, es verkörpere die „Würde" St. Paulis. Fraglich, ob die Volksoper noch dort stehen würde, wenn sie den Krieg überstanden hätte. Sicherlich wären die vielen Räume heute nicht mehr wie einst mit Tanztees, Familienbällen oder Varietévorführungen zu füllen, die Unterhaltskosten vermutlich kaum zu bewältigen.

Der sich ständig wandelnde Geschmack, Unterhaltung und Architektur betreffend, hatte die Volksoper schon vor ihrem Untergang zu einem Unikum gemacht, das trotz seiner immensen Größe auf dem Kiez sozusagen im Abseits stand.

1943 total zerstört, ragten die Reste ihrer stählernen Dachkonstruktion noch bis 1950 hoch über die Reeperbahn – dann kam die Abrissbirne. Vergleichbare, auch völlig erhalten gebliebene Vergnügungstempel wurden nach dem Krieg überall in Europa abgebrochen oder so stark umgestaltet, dass sie kaum noch Ähnlichkeit mit ihren Vorgängern hatten.

Allerdings wäre die Volksoper heute ein Hingucker, ein markanter Orientierungs- und Treffpunkt für Einheimische und Touristen. Und vielleicht wäre sie sogar ein Wahrzeichen St. Paulis, das der Reeperbahn und ihren Nebenstraßen tatsächlich wieder etwas Würde verleihen könnte.

Hier befand sich die Volksoper:

Sie stand westlich vom Millerntorplatz am Anfang der Reeperbahn zwischen Simon-von-Utrecht-Straße und Reeperbahn.

Der schöne, 1891 fertiggestellte Museumsbau am Steintorwall wurde im Zweiten Weltkrieg zerstört.

Naturhistorisches Museum

Pflanzen, Tiere, Sensationen

Die Erinnerungen an ein faszinierendes Gebäude sind weitgehend verblasst. Dabei stand es einst an so zentraler Stelle – nur wenige Meter von Hauptbahnhof und Mönckebergstraße entfernt: das Naturhistorische Museum am Steintorwall.

Prof. Matthias Glaubrecht ist Direktor des heutigen Centrums für Naturkunde (CeNak), Nachfolge-Einrichtung des alten Museums. Er erinnert an dessen große Bedeutung, nicht nur für Hamburg. Er sagt: „Es war das zweitgrößte dieser Art in Deutschland und mit 125.000

Heute dominiert ein Technik-Kaufhaus den Blick. Das runde Parkhaus steht an der Stelle der abgebrochenen Badeanstalt Schweinemarkt.

Besuchern im Jahr das beim Publikum beliebteste im Kaiserreich."

Vom September 1891 bis Juli 1943 beherbergte der schöne Bau mit dem verglasten Dach eine einmalige Sammlung. Zu den Hauptattraktionen zählten ein Blauwalskelett, eine schon im 18. Jahrhundert ausgestorbene Steller'sche Riesenseekuh und ein Narwal-Schädel mit zwei Zähnen aus dem Jahr 1684. „Das prächtige Gebäude, nach Plänen der Architekten Manfred Semper und Carl Philipp Krutisch im italienischen Renaissance-Stil errichtet – war sehr eindrucksvoll, nicht nur durch seinen großzügigen Lichthof und die auf mehreren Stockwerken umlaufenden Galerien, von freitragenden Brücken gequert", sagt Matthias Glaubrecht. „Auch die reichen zoologischen Sammlungsstücke machten das Haus zum meistbesuchten Museum seiner Art, noch vor dem Berliner Museum für Naturkunde."

Die Anfänge des Hauses reichen weit zurück, und es ist damit auch eines der traditionsreichsten Museen seiner Art in ganz Deutschland. Im Mai 1843 wurde das Naturkundliche Museum gegründet, wenn auch an anderer Stelle. Genau genommen hat es sogar zwei Wurzeln, die beide mit Hamburgs Status als Hafen- und Handelsstadt zusammenhängen.

Da war zum einen das städtische Naturalienkabinett, das zu Hamburgs erster höheren Schule, dem Johanneum, gehörte. Die Gelehrtenschule widmete sich von 1613 an als „Akademisches Gymnasium" parallel auch der Ausbildung von Söhnen der Kaufleute und Gewerbetreibenden. Damit war sie nicht nur eine humanistische Bildungseinrichtung für Kinder, sondern auch eine Art frühe Volkshochschule, die Erwachsene besuchen konnten. In den Räumen der hauseigenen Bibliothek entstand mit der Zeit Hamburgs erstes Naturalienkabinett, das 1653 um eine anatomische Sammlung ergänzt wurde. Durch Schenkungen entwickelte sich dieses Kabinett mit der Zeit immer weiter. Für Hamburgs gutbürgerliche Kreise war es eine Ehre, unterstützend einzugreifen: Senator Heinrich Johann Merck (1770-1853) stiftete eine Schmetterlings-, Tuchhändler Gerhard Hinrich von Essen (1770-1833) eine Vogelsammlung. 1840 zogen Akademisches Gymnasium und Gelehrtenschule samt Naturalienkabinett in einen Neubau auf dem Domplatz am Speersort.

Die Lithografie zeigt Heinrich Johann Merck.

Daneben gab es eine naturkundliche Parallelwelt, nämlich die privaten Naturaliensammlungen bürgerlicher Kaufleute. „Hamburg hatte sich seit dem 18. Jahrhundert zur Tauschbörse und Auktionsstadt für Naturalien aus aller Welt entwickelt", schreibt die Historikerin Susanne Köstering in ihrem Buch

Ein Museum für Weltnatur. Die Geschichte des Naturhistorischen Museums in Hamburg. Demnach bestanden in der Stadt schon damals 76 private Naturalienkabinette.

Der Ausbau der Handelsbeziehungen mit Nord- und Südamerika sorgte dafür, dass Naturforscher immer häufiger mit Kaufleuten auf große Fahrt gehen konnten, um Pflanzen und vor allem Tiere in Hülle und Fülle mitzubringen, die sie unterwegs eingesammelt hatten. Doch die privaten Sammlungen waren lose über die Stadt verteilt, nur wenig systematisiert, und viele stießen mit der Zeit räumlich an ihre Grenzen. Der 1837 ins Leben gerufene Naturwissenschaftliche Verein bündelte schließlich die Interessen der vielen Sammler. Schon früh regte der erste Präsident die Gründung eines vereinseigenen Museums an, das 1839/40 auf den Weg gebracht wurde. Nach einigen Umzügen fand es einen festen Platz, nämlich dort, wo sich schon Hamburgs andere Naturaliensammlung befand: im Neubau des Johanneums am Speersort. „Mit diesen Aktivitäten überflügelte der Naturwissenschaftliche Verein schnell die städtische Naturaliensammlung im Johanneum", schreibt Susanne Köstering, „über kurz oder lang musste diese Konkurrenz überwunden werden." Nach zähen Verhandlungen wurde die Vereinigung beider Sammlungen unter einem Dach beschlossen, um endlich ein staatliches Naturhistorisches Museum vor Ort einzurichten.

Prof. Matthias Glaubrecht, Direktor des CeNak.

Am 17. Mai 1843 unterzeichneten Vertreter der Stadt und der neu berufenen Museumskommission den Gründungsvertrag. Bei der

Eröffnung besaß das Museum schon 500.000 Objekte – vom Käferpräparat bis zum Säugetierskelett.

1883 erhielt die Botanik ein eigenes Museum, doch da die Sammlung trotzdem nach einigen Jahren aus allen Nähten platzte, wurde das Neubauprojekt am Steintorwall in Angriff genommen. „Eine einzige Basilika, indem ein gewaltiger Mittelbau von rund 65 m Länge und 15 m Lichtweite durch alle Geschosse hindurch emporreicht", beschrieb die Bauverwaltung 1885 das neue Gebäude vorab. „Die aus aller Welt zusammengetragenen naturkundlichen Sammlungen fanden dann von 1891 an im Neubau am Steintorwall endlich eine adäquate Unterbringung", sagt Matthias Glaubrecht, „nach langem Ringen."

„Eine einzige Basilika, indem ein gewaltiger Mittelbau von rund 65 m Länge und 15 m Lichtweite durch alle Geschosse hindurch emporreicht."

1907 wurden die mineralogischen Sammlungen ausgelagert, sodass das Museum schließlich eine anthropologische, eine paläontologische und eine zoologische Sammlung beherbergte. Ein Bau für die Ewigkeit schien es zu sein, doch die „Basilika" mit ihren Schätzen, die in Jahrhunderten zusammengetragen worden waren, stand schließlich nur knapp 52 Jahre.

Die Sicherung der Exponate vor den Bombenangriffen im Sommer 1943 gelang nur zu einem Teil. Die umfangreiche Sammlung mit Alkoholpräparaten wurde in leer stehenden U-Bahn-Schächten deponiert, die Vogelsammlung auf einer Burg in Sachsen. Immerhin: Den spektakulären Narwal-Schädel hatte ein Präparator im letzten Moment im Keller eingemauert – er blieb erhalten. Tragisch: Auch das wertvolle Schriftgut wurde vernichtet, darunter Inventarlisten, Zettelkataloge der Sammlungen und auch Manuskripte für eine Festschrift zum 100. Geburtstag des Hauses im selben Jahr.

Die Ruine des alten Museums wurde Anfang der 1950er-Jahre abgetragen, 1969 gingen die erhaltenen Sammlungen in den Besitz der Universität über. Das 1984 wieder eröffnete Museum befindet sich heute in einem schlichten Bau am Martin-Luther-King-Platz.

Vom Glanz des alten Museums ist vordergründig nicht viel geblieben. Warum? „Obgleich die wertvollen historischen Sammlungen weitgehend gerettet wurden, versäumte es Hamburg über viele Jahrzehnte, wieder ein Naturkundemuseum aufzubauen", kritisiert Prof. Glaubrecht. „Mehrere in Sachen Wissenschaft und Kultur indolente Senate vernachlässigten lange die naturkundlichen Sammlungen, die heute wieder zu den bedeutendsten in Deutschland gehören." Erst vom Juli 2021 an wurden diese Sammlungen, auf Veranlassung der Wissenschaftsbehörde unter Katharina Fegebank, in ein neu gegründetes Leibniz-Institut zur Analyse des Biodiversitätswandels (LIB) unter Leitung des Bonner Zoologischen Museums überführt. Das sei „ein hoher Preis", so Matthias Glaubrecht. „Doch mit der *Vision Evolutioneum*, die seit 2014 im Centrum für Naturkunde der Universität Hamburg entworfen wurde, bietet sich Hamburg jetzt die Jahrhundertchance, an die große Tradition seines Naturhistorischen Museums anzuknüpfen."

„Obgleich die wertvollen historischen Sammlungen weitgehend gerettet wurden, versäumte es Hamburg über viele Jahrzehnte, wieder ein Naturkundemuseum aufzubauen."

Hier stand das Naturhistorische Museum:

Am Steintorwall Ecke Mönckebergstraße (Südseite), direkt neben der Wasch- und Badeanstalt Schweinemarkt.

Die eher biedere Ernst-Merck-Halle war ursprünglich für Ausstellungen konzipiert. Überraschend tobten hier später Rockkonzerte.

Ernst-Merck-Halle

Musik und Randale

Sie hat nur etwas länger als 35 Jahre an ihrem Platz gestanden, aber die Ernst-Merck-Halle ist im Bewusstsein vieler Hamburger trotzdem noch deutlich präsenter als etliche andere verschwundene Orte. Das liegt natürlich an den zahlreichen spektakulären Konzerten, die sich in die Erinnerungen eingegraben haben. Dasselbe gilt für das Drumherum: Streit mit den Eltern wegen der „wilden" Musik, Liebeskummer, Abstürze und manchmal auch zertrümmertes Mobiliar. Erbaut wurde die 5.000 Quadratmeter große Halle ab 1949 an der heutigen St. Petersburger Straße 13, die damals

Nach dem Abbruch der Halle im Sommer 1986 wurde an ihrer Stelle ein weiterer Messebau errichtet.

noch Jungiusstraße hieß. Die Eröffnung Anfang Dezember 1950 zelebrierte der damalige Hamburger Bürgermeister Max Brauer. Gedacht war sie ursprünglich als Ausstellungshalle, aber es waren bald Sport- und Musikveranstaltungen, die ihren Ruf landesweit prägten. Über die vielen, zum Teil skandalumwitterten Auftritte diverser Weltstars gibt es, inklusive der Berichte über zertrümmerte „Bestuhlung", noch heute jede Menge nachzulesen. Nur zwei Beispiele: Viele Schlagzeilen machten zwei Konzerte der Rolling Stones im September 1965. Beim ersten Auftritt um 17:30 Uhr war es noch recht gesittet zugegangen, unmittelbar vor dem zweiten folgten dann Straßenschlachten mit demolierten Autos und sonstigen Sachschäden, 700 Polizisten waren im Einsatz, während sich in der Halle rund 8.000 Jugendliche von den Stones mitreißen ließen.

Im Juni des folgenden Jahres gaben die Beatles zwei „Bravo"-Blitzkonzerte in der Ernst-Merck-Halle, allerdings gingen beide phasenweise so sehr im Gekreische unter, dass von der Musik laut Ohrenzeugen oft so gut wie nichts zu hören war. Im Publikum saßen am 26. Juni übrigens auch der damalige Hamburger Innensenator Helmut Schmidt mit Ehefrau Loki und Tochter Susanne. Später erzählte Schmidt, er habe die Beatles schon auf St. Pauli erlebt. Nach dem Auftritt folgte in der City wieder Randale – mit 117 Festnahmen und eingeschlagenen Scheiben entlang der Mönckebergstraße. Solche Exzesse waren im eher beschaulichen Jahr 1966 noch ziemlich unbekannt, und einige Hanseatinnen und Hanseaten waren davon so erzürnt und auch verängstigt, als stünde eine Revolution unmittelbar bevor.

Fotos und Filmchen von diesen Auftritten kann man noch heute auftreiben, und sie zeigen neben den verhältnismäßig harmlos wirkenden Ausrastern des Publikums nebenbei auch die Nachteile der Location. Die Halle hatte nämlich den Charme einer in die Jahre gekommenen Schul-Turnhalle. Die Bühne war für heutige Begriffe viel zu hoch, der Sound notorisch schlecht, und die vielen Fenster sorgten nicht nur für Hitze- oder Kälteattacken beim Publikum (je nach Jahreszeit), sondern sie wirkten vor allem an Sommerabenden dank des lange anhaltenden Zwielichts auch nicht gerade stimmungsfördernd. Das alles berichten Zeitzeugen relativ übereinstimmend. Wer sie nicht mehr bewusst erlebt hat: In großen Kurorten gibt es heute noch vergleichbare Hallen, in denen klassische Konzerte oder Veranstaltungen zur Bewahrung oder Förderung der Gesundheit geboten werden.

Erstaunlich ist nicht nur, dass die Halle über viele Jahre Kultcharakter genoss (was eher an den Künstlern lag), sondern auch, dass sich die handelnden Politiker in der Weltstadt Hamburg so lange mit ihr zufrieden gaben. Anfang 1986 schien dann plötzlich alles ziemlich schnell zu gehen. Die Medien verkündeten, dass die Halle laut Senat bereits zur Jahresmitte abgerissen werde und „schon im Mai konkrete Pläne für den Bau einer großen Mehrzweckhalle auf dem Tisch liegen". Das hörte sich für viele so an, als würde beides sozusagen Hand in Hand gehen. Doch zunächst gab es noch ein Abschiedskonzert der Superlative, das der Entertainer James Last an zwei Abenden in der guten alten Halle gab. 10.000 Fans, diesmal aus der Altersklasse 30 bis 50, waren so ausgelassen, dass – beinahe jedenfalls – die Betonpfeiler wackelten. Im *Jahrbuch des Hamburger Abendblatts* stand später dazu: „Nach der letzten Zugabe um 3.30 Uhr (!) feierte ‚Hansi' mit rund 200 unermüdlichen hinter den Kulissen weiter." Allen war klar: Hier wurde auch von einer Hamburger Institution Abschied genommen, die man lange vernachlässigt und insgesamt wohl auch zu wenig beachtet hatte.

Das Denkmalamt interessierte sich damals (noch) nicht für den in Hamburg einmaligen Bau. Ein Statiker belehrte die Öffentlichkeit am Abrisstag: „Die Sanierung wäre zu teuer, die Halle hat immens viele Risse." 35 Jahre später, das nur am Rande, wird das Denkmalamt dem Unternehmer Falk Hocquél auferlegen, im Jenischpark Teile eines aus derselben Zeit stammenden, heruntergekommenen und zigmal veränderten Gewächshauses mit immensem Aufwand zu restaurieren und in einen Caféneubau zu integrieren.

Doch auch wenn 1986 wohl irgendwelche Pläne auf irgendwelchen Tischen lagen: Nach dem Abriss fehlte Hamburg noch für viele Jahre ein vergleichbarer Veranstaltungsort. Übrig geblieben war zunächst nur noch die Alsterdorfer Sporthalle, und bis zum Bau der heutigen Barclay Card Arena draußen im Hamburger Westen sollte es noch rund 16 Jahre dauern. Die Stadt war offenkundig mit „wichtigeren" Projekten beschäftigt.

Die Ernst-Merck-Halle hatte 35 Jahre lang für etwas Originalität und gelegentlich auch Farbe an der St. Petersburger Straße gesorgt und zumindest tageweise den Blick auf diese Ecke von Hamburg gelenkt. Sang- und klanglos verschwand dieser Veranstaltungsort, der, das nebenbei, mit öffentlichen Verkehrsmitteln sehr gut zu erreichen war. Heute muss sich an der öden, zugigen St. Petersburger Straße niemand mehr vor kreischenden Fans, lauter Musik und einigen Krawallen fürchten. Sind nun alle zufrieden?

Hier stand die Ernst-Merck-Halle:

Sie erhob sich gegenüber vom Spielplatz in der St. Petersburger Straße, ehemals Hausnummer 31, jetzt Teil der Messe.

Das Harburger Schloss bestand ursprünglich aus zwei Flügeln. Der als „Schloss“ bezeichnete Teil war eigentlich gar nicht das Hauptgebäude.

Harburger Schloss

Protest unerwünscht

Zunächst zu einem Missverständnis: Bei dem frühneuzeitlichen Gebäude, das im Laufe der letzten hundert Jahre in Harburg als „das Schloss“ bezeichnet wurde, handelte es sich genau genommen nur um einen Nebentrakt (Ablagerhaus), während das eigentliche Hauptgebäude heute immer noch steht: als eher unscheinbare Mietskaserne in der Bauhofstraße 8. Als der Werftbesitzer Reinhold Holtz im Jahr 1900 das gesamte Gelände aufkaufte, ließ er den Ostflügel zum Verwaltungsgebäude und Wohnhaus seiner Familie, den Westflügel (Hauptgebäude)

Das einstige „Haupt"-Schloss blieb erhalten und ist nach massivem Umbau ein eher unscheinbares Mietshaus.

zum schlichten Arbeiterwohnhaus umgestalten. Da der Bezirk den Ostflügel später lange als schmuckes Landratsamt nutzte, sahen die Harburger in diesem Gebäude mit der Zeit „ihr" Schloss – eine Bezeichnung, die schließlich auch von amtlichen Stellen übernommen wurde.

Nach dem Zweiten Weltkrieg ging es mit dem herrschaftlichen Bau, der in der Holtz-Ära durch An- und Umbauten noch eleganter geworden war, rapide bergab. Zu Beginn der 1950er-Jahre übernahm die Stadt das Gebäude, in den 60ern kümmerte sich ein „Sonderausschuss Harburger Schloss" um die Ruine, die mitten im Harburger Binnenhafen vor sich hingammelte und nur noch von wenigen Mietparteien bewohnt wurde.

Als die Bezirksversammlung Harburg 1967 mit großer Mehrheit für den Abriss stimmte, regte sich überall massiver Protest. 150 Harburger gründeten den „Verein zur Erhaltung des Harburger Schlosses", Studenten sammelten Unterschriften gegen den Abbruch (an zwei

Tagen kamen mehr als 1.200 zusammen), und das Harburger Staatsarchiv warb energisch für die Einrichtung von Wohnungen im Schloss. Ausschlaggebend für die Abrissentscheidung war sicherlich das Urteil eines Hamburger Denkmalpflegers gewesen, der das Schloss als einen „Haufen Steine, der zusammenzufallen droht“ bezeichnete und die Sanierungskosten mit rund 1,8 Millionen Mark bezifferte.

Hauptkontrahent war der Schloss-Bewohner Pastor Adolf-Peter Kottmeier, der die Angaben über die Sanierungskosten für frei erfunden hielt. Er ließ in Privatinitiative eine Balkendecke für knapp 2.000 Mark sanieren. Offizielle Schätzung für dieselbe Reparatur: 60.000 Mark. Kottmeier, der das Schloss eigenverantwortlich in ein Jugendheim umwandeln wollte, konnte auch auf zwei Urteile des Verwaltungsgerichts verweisen, wonach das Haus gar nicht als baufällig bezeichnet werden durfte. Es lässt sich heute nicht mehr feststellen, wie teuer die Sanierung wirklich geworden wäre. Tatsache ist, dass die vorberechneten Abrisskosten mit 300.000 Mark so hoch waren, dass sich im Laufe der Zeit mehrere Interessenten meldeten, die für dieselbe Summe renovieren wollten.

Hinter den vielen Rettungsversuchen der Schloss-Fans standen sicherlich Sentimentalität und Nostalgie. Immerhin galt die Schlossanlage als die Urzelle Harburgs. Schon 1142 wurden die Vorläufer an derselben Stelle urkundlich erwähnt. Das Bauwerk war von außen zwar unansehnlich geworden, hätte aber – wie eine Zeitzeugin schrieb – „innere Werte“. Die scheinbar schlichten Wände bestanden bis in den dritten Stock hinauf aus mittelalterlichen Mauern, im Keller gab es riesige gotische Gewölbe, und die Schloss-Gruft war ebenfalls erhalten. An dem Schlossgebäude, das schließlich 1972 abgerissen wurde, ließ sich noch die Entwicklung von der mittelalterlichen „Horeburg“ über die wachsende Burganlage bis in das Industriezeitalter hinein ablesen. Ob der als Mietshaus in der Bauhofstraße

„An dem Schlossgebäude, das schließlich 1972 abgerissen wurde, ließ sich noch die Entwicklung von der mittelalterlichen ‚Horeburg‘ über die wachsende Burganlage bis in das Industriezeitalter hinein ablesen.“

erhalten gebliebene Schlossrest Entsprechendes vermitteln kann, wird nicht nur von Fachleuten bezweifelt. Zur Beruhigung der Harburger, die damals nicht auf das Zeugnis ihrer Geschichte verzichten wollten, gab's mal wieder ein paar nette Versprechungen – unter anderem war nach Angaben einiger Bezirkspolitiker angeblich eine Gedenkstätte für die frühgeschichtlichen Grundmauern der Horeburg geplant. Wolfgang Götze, Zeichner des *Hamburger Abendblatts*, kletterte im Winter 1972 über uralte Treppen in das Gewirr aus Gängen, über dem einst die alte Kapelle gestanden hatte. Als er einen Tag später erneut, nun mit Grubenlampe, Stift und Zeichenblock, hinuntersteigen wollte, um Keller und Gruft für die Nachwelt zu skizzieren, hatten Planierraupen schon alles eingeebnet.

Heute verirren sich nur selten Interessierte in das Hafengebiet, um das alte Schloss zu suchen. Ironie der Geschichte: Dem verbliebenen, schmucklosen Wohnhaus (Westflügel) widerfuhr 1987, was dem immer noch schönen Barockbau zwanzig Jahre zuvor versagt worden war: Es wurde unter Denkmalschutz gestellt.

Zu guter Letzt kam sie dann doch noch: eine gewisse Wertschätzung für die lange vernachlässigten Reste der ehemaligen Schlossanlage. Nach aufwendiger Vorarbeit begannen dort im Jahr 2019 die Bauarbeiten für die Filiale des Stadtmuseums Harburg. Im historischen Gewölbe des verbliebenen einstigen Schloss-Hauptgebäudes wollen Historiker die Entstehungsgeschichte Harburgs darstellen und Informationen zum mittelalterlichen Ort vermitteln. Das Museum wird dann an dem Ort präsent sein, der als Keimzelle Harburgs gilt – wenn auch unterirdisch.

Hier stand das Harburger Schloss:

Der umgangssprachlich als Schloss bezeichnete Bau auf der Schlossinsel im Harburger Binnenhafen war ursprünglich „nur" ein Nebentrakt (Ostflügel). Er stand parallel zu dem zu einem Mehrfamilienhaus umgebauten, heute noch erhaltenen ehemaligen Hauptgebäude. Die Anschrift: An der Horeburg 8.

Wie ein italienisches Kastell: Mehr als 60 Jahre lang hat die Deutsche Seewarte (hier um 1900) Hamburgs Silhouette am Stintfang dominiert.

Deutsche Seewarte

Institut mit Aussicht

Es gibt nur wenige historische Fotos des Hafenrands mit Landungsbrücken und Geesthang, auf denen sie nicht irgendwo zu sehen ist, und auch auf unzähligen Gemälden wurde sie mit verewigt: Die eindrucksvolle Anlage der Deutschen Seewarte oben auf dem Stintfang hat mehr als 60 Jahre lang das Bild der Stadt unübersehbar mit geprägt. Auch die Hunderttausende, die Hamburg einst per Schiff anliefen, konnten sie nicht übersehen, und vermutlich hat sie den ersten Eindruck, den Besucher von Hamburg bekamen, auf etwas aufdringliche Weise dominiert. Der Bau ist schon

Die Seewarte wurde im Krieg zerstört und dann abgebrochen. Heute befindet sich an ihrer Stelle die Jugendherberge auf dem Stintfang. Auch die Kersten-Miles-Brücke (l.) hat sich verändert.

lange verschwunden, seine Geschichte vielen nicht mehr bekannt. Nur noch wenige Menschen dürften wissen, dass das markante Gebäude einst Sitz des Hamburger Wetterdienstes war – und sogar schon der zweite.

Bereits 1868 hatte der ostfriesische Schiffersohn Wilhelm I. A. von Freeden (1822-1894) auf dem gegenüberliegenden Geesthügel im Seemannshaus (heute Hotel Hafen Hamburg) die Norddeutsche Seewarte eröffnet. Freeden, Mathematiker, Naturwissenschaftler und Ozeanograph, motivierte zahlreiche Kapitäne, Wetterjournale anzulegen, die Grundlagen für die späteren Segelhandbücher waren. Per Reichsgesetz vom Januar 1875 wurde sein Institut dann in die Deutsche Seewarte umgewandelt, die 1876, zunächst weiterhin im Seemannshaus, ihren Betrieb aufnahm. Die offizielle Bezeichnung lautete: „Reichsanstalt für maritime Meteorologie und Wettertelegraphie". Am 14. September 1881 wurde der quadratische Neubau durch Kaiser Wilhelm I. eröffnet. „Auf der Elbhöhe, der alten Bastion Albertus, Stintfang geheißen, erhebt sich burgartig der Bau der Deutschen Seewarte", heißt es dazu in dem Buch *Hamburgs Vergangenheit und Gegenwart*. „Wie sie auf hohem Standpunkt am Elbufer eine prachtvolle Aussicht bietet, so gewährt sie auch, von der Wasserseite her gesehen, eine besonders schöne Ansicht, wenn sie mit ihren Zinnenthürmen aus den sie umgebenden Anlagen hervorragt [...]."

Das große dreistöckige Gebäude nach einem Entwurf der Architekten Kirchenpauer und Philippi war im Stil der Neorenaissance errichtet worden und soll wie ein italienisches Kastell gewirkt haben. Die vier markanten Ecktürme waren mit verschiedenen Apparaten und Instrumenten ausgestattet und konnten als Observatorien genutzt werden. Der Kunsthistoriker Jörg Schilling, Herausgeber der renommierten *Hamburger Bauhefte*, ist mit der Geschichte der Anlage bestens vertraut. „Die Seewarte verkörperte auch die beginnenden Weltmachtsansprüche", erläutert Schilling. „Es ist dies ein Bau des Historismus, der die Ambitionen des Deutschen Reichs mit Hilfe von Fassadenmustern und Wehrturm-Assoziationen, die aus der Schloss- und Festungsarchitektur stammen, zum Ausdruck bringt." Wie Schilling berichtet, gehörte auch ein unterirdischer Gebäudebereich zur Seewarte, der Einrichtungen zur Kompassregulierung enthielt und wegen der magnetischen Untersuchungen aus völlig eisenfreiem Material bestand. Der Standort war mit Bedacht gewählt: Er sollte, so die Vorgabe, nicht nur von Erschütterungen durch die betriebsame Stadt verschont bleiben, sondern auch „frei von den Einflüssen größerer Eisenmassen sein". Die städtischen Stellen hatten den Bauplatz zudem nur unter der Maßgabe bereitgestellt, dass er als beliebter Aussichtspunkt erhalten bleiben und weiterhin für Besucher zugänglich sein müsse – eine durchaus moderne Überlegung. 1893 wurde die Anlage noch um ein dahinter liegendes Chronometerprüfungs-Institut erweitert, das heute ebenfalls verschwunden ist.

Als erstes Institut in Deutschland veröffentlichte die Seewarte fortlaufend Wetterkarten, auch für die Tagespresse. Die wohl wichtigste Aufgabe war das Erarbeiten von Sturmwarnungen zur Sicherung von Schifffahrt und Küsten. Schon sehr früh, ursprünglich noch am Standort Seemannshaus, wurde dafür eine so genannte synoptische Methode angewandt, bei der man Meldungen von Land und See zusammenführte und interpretierte. Erste regelmäßige Wettervorhersagen gab die Seewarte ab dem Sommer 1906 heraus. Zu weiteren Forschungs- und Arbeitsfeldern gehörten unter anderem Hydrographie, maritime Meteorologie und die Prüfung nautischer Instrumente. Die vielfältigen Veröffentlichungen der Beschäftigten vor Ort wurden unter anderem in der Schifffahrt und der Seefischerei eingesetzt. Mitarbeiter der Seewarte nahmen an nahezu allen deutschen Polarexpeditionen und ozeanografischen Forschungsreisen teil, und von 1919 bis 1924 wirkte der berühmte Geophysiker und Meteorologe Alfred Wegener (1880-1930) an dem hoch angesehenen Institut.

Die Seewarte wurde im Zweiten Weltkrieg bei einem Luftangriff weitgehend zerstört, das Institut 1946 von den Alliierten aufgelöst. Den Wetterdienst übernahm das Seewetteramt des Deutschen Wetterdienstes (so der Name von 1953 an), die nautischen und wasserkundlichen Aufgaben das Deutsche Hydrographische Institut (DHI) an der Seewartenstraße (später: Bundesamt für Seeschifffahrt und Hydrographie). Im Bombenhagel ging auch das Museum der Seewarte mit seinen Schätzen unter – wie so viele unersetzliche Kulturgüter Hamburgs.

Nachdem die Ruine der Seewarte abgetragen worden war, wurden ihre Fundamente für den Bau einer Jugendherberge 1952/53 am selben Ort verwendet. Die damalige Jugendsenatorin Paula Karpinski (1897-2005) und der Referent für Wiederaufbauplanung Gustav Oelsner (1879-1956) setzten das Projekt „Haus der Jugend" an dem exponierten, ausgesprochen schönen Platz gegen viele Widerstände durch. Die neue Anlage ist optisch sehr zurückhaltend und wirkt auf diese Weise fast wie das architektonische Gegenteil der alten Seewarte. „Die Jugendherberge wurde bewusst in einer optimistisch-leichten Nachkriegsmoderne errichtet", so Jörg Schilling, „als Symbol des demokratischen Neuanfangs und der Öffnung Hamburgs als Weltstadt."

Hier stand die Deutsche Seewarte:

Oberhalb der U- und S-Bahnstation St. Pauli Landungsbrücken, heute steht dort die Jugendherberge „Auf dem Stintfang".

Einst stand an der Hamburger Straße Hamburgs größtes Kaufhaus. Der elegante Art-déco-Bau wurde im Sommer 1943 während der „Operation Gomorrha“ total zerstört – so wie alle Häuser in der Umgebung.

Karstadt Hamburger Str.

Tod im Bunker

Die Fotos der vielen Straßenzüge, von denen die Bombardierungen des Zweiten Weltkriegs nichts übrig gelassen haben, müssen jeden Betrachter wehmütig und auch nachdenklich stimmen. Wohl nur bei wenigen Orten ist dieses Gefühl so ausgeprägt wie bei der Hamburger Straße. Der Bombenangriff in der Nacht vom 29. auf den 30. Juli 1943 zerstörte ein sehr großes Areal mit vielen Wohnhäusern, die, wären sie erhalten geblieben, die alsternahe Gegend heute sicherlich zu einem „schicken“ und begehrten Wohngebiet gemacht hätten. Innerhalb von nur weniger als

Im Vergleich zur heutigen Bebauung waren die Vorkriegsbauten eher beschaulich. Betonklötze im Stil der 1970er-Jahre prägen mittlerweile diesen Abschnitt der Hamburger Straße.

einer Stunde sank auch ein wunderschöner, aufwendig gestalteter Art-déco-Bau in Schutt und Asche, wie es ihn so in Hamburg heute nicht mehr gibt: das Karstadt Kaufhaus.

Nur knapp 16 Jahre hat der imposante Bau, Postanschrift Hamburger Straße 101 bis 103 zwischen der Deseniß- und der Rönnhaidstraße (heute: Adolph-Schönfelder-Straße) überdauert. Er wurde errichtet, nachdem das Kaufhaus Heilbuth, das zuvor 24 Jahre auf dem Grundstück gestanden hatte, 1927 abgerissen worden war. Konkurrent Karstadt war nun am Ruder – im März 1928 wurde dort dann das „Warenhaus Rudolph Karstadt" eröffnet. Der mit Tuffstein verkleidete Eisenbetonbau mit rund 5.000 Quadratmetern Grundfläche bot den Kunden so ziemlich alles für den alltäglichen Bedarf und war zudem mit allerlei technischen Finessen ausgestattet: Im Inneren gab es eindrucksvolle Rolltreppenanlagen und sechs Personenaufzüge, dazu, wie historische Aufnahmen zeigen, sehr geschmackvolle und vielfältige Dekorationen. Die fast 250 Meter lange Straßenfront, unterbrochen von drei Eingängen, bestand aus insgesamt 32 großen Schaufenstern, die über geschickte, laufend wechselnde Dekoration quasi unablässig Kundschaft aus der sehr dicht besiedelten Gegend anzogen. Dazu trug auch der imposante Turm bei, der die 26 Meter hohe Fassade um zehn Meter überragte. Einige Jahre nach der Einweihung wurde eine 13 Meter hohe Lichtanlage auf den Turm gesetzt, die den Bau noch sichtbarer machte. Clou war eine riesige Dachterrasse, auf der die Besucher günstig essen und trinken konnten. Täglich spielte nachmittags eine Kapelle zum Fünf-Uhr-Tee. Für Kinder war Karstadt besonders in der Vorweihnachtszeit ein beliebter Anziehungspunkt. Denn in den beleuchteten Schaufenstern gab es dann wochenlang Märchenfiguren zu sehen, die mechanisch bewegt wurden.

Das alles ging in nur einer Nacht unter: Am 30. Juli 1943, kurz nach 1 Uhr morgens, fiel eine erste Sprengbombe in den Lichthof, weitere folgten. Unter und neben dem Kaufhaus befanden sich zwei Luftschutzkeller: ein öffentlicher Luftschutzraum und ein größerer „Personalbunker". Gegen zwei Uhr stürzte die Fassade auf drei Seiten ein, wobei der Eingang zum öffentlichen Luftschutzkeller verschüttet wurde. Später konnte rekonstruiert werden, dass danach unterirdisch lagernder Koks durch die Hitze zu glühen begann und der Sauerstoff nach einer Weile für die Eingeschlossenen nicht mehr ausreichte. 370 Menschen erstickten, während die 1.200, die in dem Personalbunker Schutz gesucht hatten, am nächsten Tag lebend geborgen werden konnten. Als die Rettungskräfte die Toten fanden, sollen sie wie Schlafende ausgesehen haben. Jahrelang wurde darüber spekuliert, welche Rolle eine auf dem Dach installierte Flakscheinwerfer-Batterie und ein damit verbundener Strom-Transformator in einer Holzbaracke vor dem Haupteingang bei der verheerenden Bombardierung und dem sich ausbreitenden Feuer gespielt hatten. Die Hintergründe wurden nie geklärt, aber es ist auch müßig, hier Ursachenforschung zu betreiben. Die vielen Toten werden davon auch nicht wieder lebendig.

Wer sich heute die Betonklötze an der Hamburger Straße anschaut, kann sie nicht mehr mit der Gegend der Vorkriegszeit in Verbindung bringen. An den verheerenden Bombenangriff erinnert ein kleines Denkmal auf dem Mittelstreifen zwischen den von Autokolonnen permanent befahrenen Achsen Oberaltenallee und Hamburger Straße.

Dort steht: *In der Nacht zum 30. Juli 1943 starben im Luftschutzbunker an der Hamburger Straße bei einem Bombenangriff 370 Menschen. Diese Toten mahnen: Nie wieder Faschismus, nie wieder Krieg.* Der Text ist inhaltlich „korrekt". Er richtet den Blick des Lesenden in die Gegenwart und in die Zukunft, was immer gut und richtig ist. Aber er führt die Gedanken auch schnell weg von den Toten, die hier, logischerweise ungefragt, nur noch als eine anonyme Gruppe „Mahnender" fungieren. Ein warmes, individuelles Gedenken ist das nicht, zumal auch alle Hinweise darauf fehlen, wer diese 370 Menschen überhaupt waren.

Als das *Hamburger Abendblatt* im Jahr 2018 für die Sonderveröffentlichung Operation Gomorrha Zeitzeugen befragte, zeigte sich, dass das Drama von der Hamburger Straße immer noch präsent ist. Ein alter Herr berichtete, dass die Cousine seiner Großmutter und deren Tochter unmittelbar vor dem verheerenden Luftangriff überredet worden waren, in dem Bunker Schutz zu suchen, statt wie geplant im Keller ihres Wohnhauses zu bleiben. Tragischerweise trafen sie schließlich die falsche Entscheidung. Wie sich später zeigte, hätten sie in dem Hauskeller höchstwahrscheinlich überlebt. Mittlerweile hat sich Karstadt ganz aus der Hamburger Straße zurückgezogen. Damit endete auch diese Geschichte – nach rund 80 Jahren.

Noch einmal das Gedankenspiel: Wäre das Kaufhaus heute eine moderne Passage hinter einer denkmalgeschützten Fassade? Wie wäre die Dachterrasse zu füllen und was würde dort geboten? Und: Auf welche Weise ließe sich der Autoverkehr heute auf der einst eher schmalen Achse Hamburger Straße und der parallel dazu verlaufenden Oberaltenallee kanalisieren – auch und gerade in unmittelbarere Nähe des Konsumtempels? So reizvoll solche Überlegungen auch sein mögen – eine Antwort auf diese Fragen wird es nie geben.

Hier befand sich das Karstadt-Kaufhaus:

Es stand an der Hamburger Straße / Ecke Adolph-Schönfelder-Straße. Heute bildet diese Fläche den nördlichen Abschluss des Shopping-Centers Hamburger Meile.

Das Grenzhaus Hoheluft entstand im Kern schon 1789 und war später zu einem Ausflugslokal umgebaut worden.

Grenzhaus Hoheluft

Am Ende war die Kunst

Noch bis 1965 stand zwischen Hoheluftchaussee und Grandweg ein Haus, das schon stattliche 176 Jahre zuvor erbaut worden war. Das Grenzhaus Hoheluft war eines der ganz wenigen Gebäude, das noch im Originalzustand an die Zeiten erinnerte, als es hier eine Stadtgrenze gab und Richtung Norden Dänemark beziehungsweise Preußen folgten. Mit ein bisschen gutem Willen hätte man es wohl retten können, aber entsprechende Versuche scheiterten. Heute steht an derselben Stelle eine große Wohnanlage. Und Tradition hin oder her: Welches kleine, weitgehend

Nachdem das Grenzhaus 1965 im Zuge umfangreicher Umgestaltungsmaßnahmen abgebrochen worden war, wurde dieser Bau an seiner Stelle errichtet.

funktionslose Haus kann schon bestehen, wenn es um Wohnraumschaffung im großen Stil geht?

Das holzverkleidete Grenzhaus war 1789 erbaut worden und blieb fast 100 Jahre weitgehend unverändert. In den 1880er-Jahren ließen es die Nutzer dann zu einer Bierschwemme umbauen – inklusive Schunkelgarten und Tanzsaal. Solche Gaststätten, halb Kneipe, halb Veranstaltungsort, hatten damals in den Städten Hochkonjunktur und waren so gut besucht, wie man es sich in Zeiten eines Überangebots an „Entertainment" kaum noch vorstellen kann. Arbeiter und Angestellte kehrten dort nach der Arbeit ein, um die Zeit noch etwas hinauszuzögern, bevor es nach Hause in die oft kleinen, beengten Wohnungen ging. Bürger-, Schützen- und Heimatvereine trafen sich dort regelmäßig, Liedertafeln, Fahrradfans und ähnliche Gruppen hielten ihre Treffen ab. Und an den Wochenenden kehrten, lange bevor so ziemlich jeder an Nord- oder Ostsee fahren konnte, ganze Familien zum Picknicken und Ausspannen ein. An Sonntagen tummelten sich um 1900 bis zu tausend Gäste in der Anlage, zeitweise soll das Bier im Sommer ausverkauft gewesen sein. Erst 1937 kam der Bau zum Hamburger Stadtgebiet – was für den Wirt ein erhebliches Mehr an Biersteuer bedeutete. Wenige Wochen vor Kriegsende zerstörten Fliegerbomben den Gartensaal und Teile der Innenräume. In der Nachkriegszeit erging es dem Grenzhaus Hoheluft dann wie vielen vergleichbaren bieder-gemütlichen Treffs: Der Zeitgeschmack veränderte sich und die Besucherströme ebbten ab. Viele ältere Stammgäste zogen komfortablere Treffpunkte vor, andere verbrachten ihre Nachmittage und Abende zunehmend zu Hause – und immer häufiger vor dem Fernseher.

Das Grenzhaus wäre vermutlich, wie so viele historische Bauten in den 1960er-Jahren, sang- und klanglos verschwunden, wenn es nicht zu guter Letzt noch ein Mini-Comeback er-, aber nicht überlebt hätte. Das Haus war seit Mitte der 1950er-Jahre sukzessive zu einem Treffpunkt der Hamburger Künstler-Boheme geworden. Am Ende des Jahrzehnts hatte sich eine Gruppe zusammengefunden, die sich „Die Grenzhäusler" nannte und in dem heruntergekommenen Rest-Saal gemeinsam arbeitete und ausstellte. Wie Volker Detlef Heydorn (1920-2004) in dem Buch *Maler in Hamburg* schreibt, „handelte es sich um junge Künstler, deren Arbeiten auf eine Wiederbelebung des magischen Realismus hinzielten". Laut Heydorn erregten sie schnell Aufsehen „mit ihren dunkeltonigen, melancholischen Hafen-Stilleben und Seebildern".

Während Hamburgs Kulturpolitiker heute mühsam versuchen, solche Szenetreffs zu initiieren, zu fördern und irgendwie langfristig zu etablieren, hatte sich die Szene damals von ganz alleine gefunden – „die Grenzhausgalerie ohne Mittel aus öffentlicher Hand; ganz inoffiziell aus persönlicher Initiative", wie eine Kulturjournalistin 1958 schrieb. Schwer vorstellbar, aber wahr: Weil Künstler wie Volker Meier (1932-1993) und Siegfried Jonas (1928-2013) im Grenzhaus nicht nur ausstellten, sondern auch Bier tranken, hatte das reichlich heruntergekommene Haus in Hamburg sogar einen leicht verruchten Ruf. Man ging gespannt hin und wartete auf ein paar Eskapaden. In einem Zeitungsbericht von 1958 wurden die Eindrücke vor Ort so beschrieben: „Man muss durch das Clubzimmer [...] ohne Gäste, denn seit jener Bombennacht brennt hier kein Licht. [...] Zwei Schritte weiter: Malerei des 20. Jahrhunderts. Moderne Bilder an einer weißgetünchten Bretterwand. Durch eine Ritze blickt man ins Freie: da war früher der Ballsaal. An fleckigen Wänden, denen man nichts mehr vom Glanz des alten Ballhauses ansieht, hängen Radierungen, Holzschnitte und Farbiges in Öl und Aquarell. Die Radierungen haben ein gemeinsames Thema: Vorstadt."

Und wie das manchmal so ist: Die Bude wurde zu einem kleinen Kulturtreff, die Presse sprang mit auf, und irgendwann schien die Rettung des „Klein Schwabing von Hoheluft" plötzlich möglich. Doch die öffentliche Empörung war dann doch nicht so groß und das Denkmalamt um einiges nachsichtiger als in späteren Jahren. Abriss- und Neubaupläne wurden bekannt gegeben – und irgendwann allgemein akzeptiert. Hinzu kam: Auch rund um das Grundstück, auf dem sich das alte Grenzhaus befand, standen aufwendige Umgestaltungsarbeiten an. Kreuzungen wurden umgebaut, Fußwege verbreitert, und nebenan am Grandweg beseitigte man 30 Behelfsheime, die noch aus der unmittelbaren Nachkriegszeit stammten. Kein Platz mehr also für das alte Gemäuer. Bürgerengagement (und Presseunterstützung) gab es dann nur noch für eine letzte Reminiszenz: Der Grenzstein, der seit Urzeiten vor dem Haus gestanden hatte, geriet ins Blickfeld von Nostalgikern. Seine Geschichte amüsierte und faszinierte auch ein wenig: Ursprünglich hatte es zwischen Hamburg und Pinneberg nur einen Grenzpfahl gegeben, der aber so oft hin und her versetzt worden war, dass es den Pinnebergern im Jahr 1783 reichte. Schließlich setzten sie den unverrückbaren Grenzstein mit der Inschrift *HP C 7* – das steht für Herrschaft Pinneberg und Christian der Siebte. Dass der Stein für denkmalwürdig erklärt wurde und nicht das Haus dahinter, gehört zu den Merkwürdigkeiten der Hamburger Abrissgeschichte. Er befindet sich bis heute an der Troplowitzstraße in einer winzigen Grünzone, wo ihn die wenigsten bislang bemerkt haben dürften.

Hier stand das Grenzhaus Hoheluft:

Nördlich der Troplowitzstraße, zwischen Grandweg und Lokstedter Steindamm. Dort steht jetzt ein Hochhaus.

Die Hauptsynagoge auf dem Bornplatz war der erste freistehende jüdische Sakralbau Hamburgs. Sie wurde 1906 eingeweiht.

Synagoge Bornplatz

Jüdisches Leben am Grindel

Die Geschichten der verschwundenen Orte, die in diesem Buch erzählt werden, sind oft voller Dramatik. Die kriegsbedingte Vernichtung kulturell bedeutender Bauten muss auch heute traurig stimmen, und der bedenkenlose Abriss alter Gebäude, um die zuvor oft lange gekämpft worden war, sorgt immer noch für Missstimmung.

Doch keine Zerstörung ist für sich genommen so deprimierend und auch so beschämend wie der erzwungene Abbruch der Hauptsynagoge am Bornplatz. Er ist und bleibt ein überdeutliches Zeichen für

Ein Teil des Geländes heute in Blickrichtung Grindelhof. Ein Bodenmosaik der Künstlerin Margrit Kahl bildet den Grundriss und die Linien des Deckengewölbes der Synagoge nach.

die Ausgrenzung, Entrechtung und Verfolgung der Hamburger Juden. Zugleich macht er auch bewusst, dass das Verschwinden eines Ortes oftmals viel mehr bedeutet als nur den Verlust eines Gebäudes. Denn mit ihm verlieren nicht selten ganze Viertel einen Teil ihres Gesichts, ja ihrer Identität. Auch wenn die innere Verbundenheit mit diesen Orten bleibt, so berichten Zeitzeugen immer wieder, können sie diese bei einer späteren Rückkehr dann nicht mehr oder nur sehr schwer real abrufen. Bei der Bornplatzsynagoge ist das noch viel stärker so als bei anderen Orten, denn mit ihr ging auch die damalige jüdische Gemeinde unter. Ein ganzes Milieu wurde damals systematisch ausradiert, und die Tragik der vielen damit verbundenen Einzelschicksale macht immer noch fassungslos.

Die Hauptsynagoge der Deutsch-Israelitischen Gemeinde zu Hamburg wird in den Jahren von 1904 bis 1906 nach Plänen der Architekten Ernst Friedheim (1864-1919) und Semmy Engel (1864-1948) in neuromanischen Bauformen am Bornplatz im Grindelviertel errichtet. Als größte Synagoge Norddeutschlands bietet sie Platz für bis zu 1.200 Menschen. Lange Zeit waren jüdische Gottesdienste aufgrund des „Judenreglements“ von 1710 in Privatbehausungen abgehalten worden, die sich vor allem in Hinterhöfen befunden hatten. Die 1859 eingeweihte Synagoge auf den Kohlhöfen war mit ihrer relativ repräsentativen Fassade dann zwar als erste von der Straße her zu sehen, allerdings musste sie durch eine Mauer abgeschirmt werden.

Die neue, von drei Seiten einsehbare Hauptsynagoge soll nun auch als Symbol für die Emanzipation der Juden und die (vermeintlich) erreichte Gleichberechtigung in der Zeit des Kaiserreichs verstanden werden. Sie ist der erste freistehende jüdische Sakralbau Hamburgs und mit fast 40 Metern Höhe weithin sichtbar. Am 13. September 1906 wird sie ihrer Bestimmung übergeben, die Festpredigt hält der damalige Oberrabbiner Markus Hirsch (1833-1909).

Bis zur Kuppelspitze war die Synagoge rund 40 Meter hoch.

Der moderne Betonbau ist, so kann man es in dem Buch *Vierhundert Jahre Juden in Hamburg* nachlesen, von außen mit dunklen Klinkern und darüber mit ockerfarbenem Backstein verblendet. Die Rundfenster haben farbiges Glas, der in Richtung Grindelberg liegende Haupteingang ist über eine Terrasse erreichbar. Im Innern gilt der Toraschrein aus weißem, schwarzem und rotem Marmor, eine Stiftung der Familie Warburg, als besonders eindrucksvoll. Hinter dem Hauptbau liegen Nebengebäude mit einer Wochentagssynagoge, einer Mikwe (Tauchbad) und Verwaltungsräumen. Wie Christiane Pritzlaff in dem Buch *Ehemals in Hamburg zu Hause: Jüdisches Leben am Grindel* schreibt, wurde die Synagoge in einem Stil erbaut, „der Ende des 19. Jahrhunderts als ‚national, deutsch und christlich' galt". Den Gleichberechtigungsanspruch habe laut Pritzlaff nicht nur der Baustil nach außen dokumentiert, sondern auch Festgottesdienste mit deutsch-nationalem Charakter. Dazu gehören unter anderem die Feiern zu Kaisers Geburtstag und zur hundertsten Wiederkehr des Jahrestages der Völkerschlacht bei Leipzig.

Bei der Feier zum 25-jährigen Bestehen der Synagoge im Jahr 1931 sagt der orthodoxe Oberrabbiner Samuel Spitzer (1872-1934) unter anderem: „Wir leben in einem Zeitalter der Sicherheit und der unbedingten Gleichberechtigung, und in dieser Zuversicht wurde unsere Synagoge hier errichtet."

Doch davon kann nach Beginn der NS-Zeit schon bald keine Rede mehr sein. Während des Novemberpogroms wird der monumentale Bau 1938 geschändet, wiederholt in Brand gesetzt und verwüstet. Im Frühjahr 1939 zwingen die nationalsozialistischen Machthaber die jüdische Gemeinde dann dazu, das Gebäude auf eigene Kosten abzureißen und das Grundstück an die Stadt zu übergeben. Grundlage für den erzwungenen Abbruch ist eine Auflage aus dem Kaufvertrag, in der es unter anderem heißt: „Die Gemeinde ist nicht berechtigt, den Platz zu verkaufen oder anderweitig zu nutzen, sondern ist verpflichtet, sobald sie den Platz nicht mehr zu den [...] Zwecken (der Erbauung einer Synagoge) gebrauchen will, die alsdann auf dem Platz vorhandenen Baulichkeiten zu entfernen und denselben gegen Erstattung des obgedachten Kaufpreises wieder in das Eigentum des Staates zurück zu übertragen." Auf perfide Weise passt der NS-Senat die Auflagen des Kaufvertrags von 1902 den neuen Gegebenheiten an und macht ihn somit „passend".

Auf einem Teil des abgeräumten Geländes entsteht 1940 ein Hochbunker, der nach Kriegsende 1950/51 umgebaut und seitdem von der Universität Hamburg genutzt wird. In einem anderen Bereich, der bis dahin als Parkplatz gedient hatte, wird 1988 anlässlich des Gedenkjahrs zum 50. Jahrestag des Novemberpogroms der Boden nach einem Entwurf der Hamburger Künstlerin Margrit Kahl (1942-2009) mosaikartig gepflastert. Dieses Projekt beschreibt der Historiker Dirk Brietzke ausführlich auf der Homepage des Vereins für Hamburgische

Geschichte. Kahl hatte seit 1983 im Auftrag der Kulturbehörde der Stadt an dem Entwurf gearbeitet. Die Diskussion über ein geeignetes Konzept für die Gestaltung des Platzes erstreckt sich über einen Zeitraum von zehn Jahren, und nach vielen Verzögerungen beschließt der Senat erst im Juli 1987, das Projekt zu realisieren. Verbunden mit einer Gedenkfeier kann das „Synagogenmonument“ am 9. November 1988 eingeweiht werden. 1989 wird ein Teil des ehemaligen Bornplatzes auf Wunsch der jüdischen Gemeinde in Joseph-Carlebach-Platz umbenannt. Er erinnert seitdem an den 1883 geborenen und 1942 von den Nationalsozialisten ermordeten letzten Oberrabbiner Hamburgs.

Joseph Carlebach an Bord der „Tel Aviv", Januar 1935.

„Margrit Kahls Gestaltung des Platzes geht über konventionelle Formen des Gedenkens hinaus“, erklärt Dirk Brietzke. Sie verweise auf das nicht mehr Vorhandene, auf das historische Resultat der nationalsozialistischen Gewaltherrschaft und die Zerstörung jüdischen Lebens.

Das Muster des in den Boden eingelassenen Pflasters bildet wie in einem Mosaik den Grundriss und die Linien des Deckengewölbes der einstigen Synagoge ab, die räumliche Dimension des nicht mehr Vorhandenen wird perspektivisch erfahrbar. Dirk Brietzke schreibt dazu: „So entstand [...] ein Gedenkort, der die entstandene Leerstelle nutzt, um mit einem außergewöhnlichen Kunstwerk dauerhaft an die Entrechtung, Verfolgung und Ermordung der Juden in den Jahren des Nationalsozialismus zu erinnern.“

Regelmäßig am 9. November finden auf dem Platz unter Beteiligung zahlreicher zivilgesellschaftlicher Initiativen und Organisationen sowie auch staatlicher Repräsentanten Gedenkveranstaltungen zum Jahrestag des Novemberpogroms statt.

Im Januar 2020 erfolgt der Beschluss der Hamburgischen Bürgerschaft, den Wiederaufbau der Bornplatzsynagoge zu unterstützen. Er wird flankiert von der Erklärung des Bundestags und der Bürgerschaft, die dafür erforderlichen finanziellen Mittel zur Verfügung zu stellen.

Heute ist der Gedenkort ein Bestandteil des jüdischen Lebens, das unter anderem mit der angrenzenden Joseph-Carlebach-Schule und der jüdischen Gemeindeverwaltung nach vielen Jahren ins Grindelviertel zurückgekehrt ist.

Hier befand sich die Synagoge Bornplatz:

Sie stand an der Straße Grindelhof, zwischen dem Allende-Platz und dem Joseph-Carlebach-Bildungshaus (Grindelhof 30). Auf einem Teil der Gesamtanlage steht das Institut für Bodenkunde. Direkt daneben, auf dem heutigen Joseph-Carlebach-Platz, zeichnet das „Synagogenmonument" der Künstlerin Margrit Kahl den Grundriss und die Linien des Deckengewölbes der Synagoge nach.

Das Gebäude der alten Stadtbibliothek war im Palazzostil der florentinischen Spätrenaissance erbaut worden. Das 1840 fertiggestellte Haus mit dem markanten Arkadengang wurde im Zweiten Weltkrieg zerstört.

Alte Bibliothek

Das Gedächtnis der Stadt

Die massiven Luftangriffe während des Zweiten Weltkriegs kosteten rund 40.000 Menschen in Hamburg das Leben, Hunderttausende wurden obdachlos. Vor allem im Sommer 1943 versanken ganze Stadtteile in Schutt und Asche, und die zum Teil hastig hochgezogenen, oftmals eintönigen Neubauten prägen das Erscheinungsbild der Stadt noch heute. Angesichts dieser Dimensionen kann es nicht verwundern, dass der Verlust einzelner Gebäude quasi in einem Sammelsurium von Schreckensmeldungen unterging. Anders formuliert: Zerstörungen kostbarer Kultur-

Für die Bebauung der leeren Fläche südlich von Speersort und Domstraße hatte es immer wieder Neubaupläne gegeben, die nie realisiert wurden. Seit 2008 ist der „Domplatz" eine grüne Ruhezone mitten in der Stadt.

güter, welche die Öffentlichkeit heute Monate oder sogar Jahre beschäftigen würden, mussten damals zur Kenntnis genommen werden – bevor man notgedrungen zur Tagesordnung überging, um irgendwie zu versuchen, das Alltagsleben in der Stadt einigermaßen aufrechtzuerhalten. So gesehen ist der Untergang der Stadtbibliothek am Speersort nur ein Schaden von vielen – und auch wieder nicht. Denn ihr Verschwinden bedeutete gleich in mehrfacher Hinsicht einen unersetzlichen Verlust. Zum einen wurde damals eines der architektonisch schönsten und ungewöhnlichsten Gebäude des alten Hamburger Stadtbilds ausradiert. Zum anderen bedeuteten die Zerstörung und der spätere Abriss der verbliebenen Reste eine Zäsur in der langen Geschichte einer hoch bedeutenden Bildungseinrichtung. Vor allem aber: Bomben und Feuer vernichteten große Teile eines unersetzlichen Kulturschatzes, der über Jahrhunderte sorgsam zusammengetragen worden war. Das historische Gedächtnis der Stadt hat seitdem Lücken, die nie mehr gefüllt werden können.

„Der Verlust der alten Staats- und Universitätsbibliothek schmerzt noch heute", sagt Hamburgs Wissenschaftssenatorin Katharina Fegebank. „Nicht nur, dass hunderttausende Dokumente, Bücher und historische Unterlagen unwiederbringlich den Flammen zum Opfer gefallen sind; auch der Verlust des alten und vielfach gerühmten Bibliotheksgebäudes am Speersort fehlt dem Stadtbild seit den Bombennächten des Zweiten Weltkriegs bis heute."

Keimzelle der Bibliothek war das Johanneum von 1529 – die älteste höhere Bildungseinrichtung Hamburgs. Beheimatet war die Gelehrtenschule im ehemaligen Johanniskloster, das ungefähr dort stand, wo heute der Rathausmarkt liegt. Von 1613 an teilte sie sich die Räume mit dem Akademischen Gymnasium, das wiederum im weitesten Sinne die Vorläufereinrichtung der Universität war. Die Büchersammlung des Johanneums, die auch vom Akademischen Gymnasium genutzt wurde, entstand bereits unmittelbar nach 1529. Zum Bestand gehörten nicht nur gebundene Werke, sondern zum Beispiel auch kostbare Handschriften. Daraus entstand 1751 die öffentliche Stadtbibliothek mit mittlerweile bereits rund 50.000 Bänden. Zunehmender Platzmangel machte schließlich einen Umzug unverzichtbar.

Anfang Mai 1840 wurde dann das neue Gebäude am Speersort eingeweiht, nachdem das Johanneum seinen alten Standort im Johanniskloster aufgegeben hatte. Wer sich heute vor Ort umschaut: Es stand genau rechts vom heutigen Pressehaus. Der Neubau nach Plänen Carl Ludwig Wimmels (1786-1845) unter Beteiligung von Franz Gustav Forsmann (1795-1878) war so gestaltet, wie man sich damals vermutlich eine Heimstätte geistiger Tradition vorstellte: Das helle Haus im Palazzostil der florentinischen Spätrenaissance war U-förmig angelegt und bestand aus drei Baukörpern und einem Arkadengang. Im linken Flügel an der Domstraße befand sich die Gelehrtenschule des Johanneums, im rechten die Realschule, die 1876 auszog. Das Hauptgebäude beherbergte das Akademische Gymnasium, die wissenschaftlichen Sammlungen und die Stadtbibliothek mit mittlerweile mehr als 200.000 Bänden. Das Akademische Gymnasium, das lange Zeit Mittelpunkt des wissenschaftlichen Lebens in Hamburg gewesen war, wurde 1883 per Gesetz aufgelöst. Alle Versuche, es durch Reformen und neue Zielsetzungen attraktiver zu machen, waren letztlich gescheitert. Das Johanneum blieb noch bis 1914 am Standort Speersort, dann bezog es aus zunehmendem Platzmangel den nach Plänen von Fritz Schumacher (1869-1947) errichteten Bau an der Maria-Louisen-Straße 114, der auch noch heute Sitz der Gelehrtenschule ist. Beim Umzug wurde die Bibliothek des Johanneums mitgenommen, was sich als großes Glück erwies. Sie überstand den Krieg unbeschadet und blieb erhalten.

Am Speersort war nach dem Auszug des Johanneums nun endlich Platz für die Stadtbibliothek, deren Bestände im Laufe der Zeit immer weiter gewachsen waren. West- und Ostflügel wurden zügig für Bibliothekszwecke umgebaut. Mit der Gründung der Hamburgischen Universität übernahm die Stadtbibliothek deren Versorgung mit wissenschaftlicher Literatur. Über das erste Hamburgische Hochschulgesetz wurde sie im Februar 1921 offiziell in „Staats- und Universitätsbibliothek" umbenannt, was auch ihrem heutigen offiziellen Titel entspricht. 1919 zog die Commerzbibliothek, die Bibliothek der Handelskammer, mit 130.000 Büchern von der Domstraße ebenfalls zum Speersort, wo sie sich im Ostflügel einrichtete. Niemand konnte damals ahnen, dass sich dieser Umzug als fatale Entscheidung erweisen würde. Wie in einer Infoschrift von Klaus Gottsleben über ihren Werdegang nachzulesen ist, besaß die Staats- und Universitätsbibliothek 1919 unter den deutschen Bibliotheken die fünftgrößte Büchersammlung. Historische Innenaufnahmen zeigen unter anderem Lese- und Büchersäle und einen Ausstellungssaal. Arbeitsplätze, Regale mit kleinen Galerien bis zur Decke, viel Licht durch die hoch liegenden Fenster – alles wirkt wie eine der klassischen Bibliotheken, die Besucher in Städten wie Weimar, Wien oder New York mit einer gewissen Ehrfurcht betreten.

Es würde selbst einige Broschüren füllen, wollte man die unersetzlichen Buch-, Handschriften- und Kartenschätze, wissenschaftlichen Arbeiten und vieles mehr auflisten, die beim fatalen Luftangriff vom 24. auf den 25. Juli 1943 vernichtet wurden. Hinzu kommen noch die vielen Hilfsmittel, also über Jahrhunderte zusammengestellte Kataloge und Verzeichnisse, darunter zahlreiche Unikate.

Immerhin 400 Kisten mit ganz besonders wertvollen Beständen konnten evakuiert werden, allerdings ging einiges davon infolge der

Kriegswirren verloren. Da der damalige Direktor Gustav Wahl (1877-1947) unter anderem einen Schwerpunkt auf das handschriftliche Material gelegt hatte, erwies sich später der kulturelle Verlust für Hamburg bei Drucken und weiteren Hamburgensien als besonders hoch.

Heute ist klar: Die Evakuierung der Bibliothek wurde zu spät und wohl auch nicht entschlossen genug betrieben. Hinterher ist man allerdings immer schlauer. Fakt ist, dass wohl niemand damit rechnen konnte, welche enorme zerstörerische Kraft der Luftangriff entwickeln würde. 400 Holzkisten, die für den Abtransport der Commerzbibliothek-Bücher nach Sachsen angeschafft worden waren, standen schon vor Ort bereit – und verbrannten ebenfalls. Es war gleich der erste Luftangriff in jener Nacht, der die fatalen Brände auslöste. Eine Bombe traf den Lichtschacht des traditionsreichen Baus. Das durch Phosphorbomben entfachte Flammenmeer, dem vor Ort reichlich Nahrung geboten wurde, verbreitete sich in Windeseile durch alle Räume. Löschkräften gelang es nur, den Westflügel zu retten, und auch ein Teil der Arkaden blieb erhalten. Eine Zahl, die das Ausmaß dieser Katastrophe deutlich macht: Von den 850.000 gesammelten Büchern gingen 700.000 bei den Luftangriffen und den anschließenden Bränden sowie beim Löschen für immer verloren. Der Rest des Westflügels, der 1944 noch einmal von Bomben getroffen worden war, und die verbliebenen Arkadenteile wurden Anfang der 1950er-Jahre abgetragen.

Die Mitarbeiterinnen und Mitarbeiter der Staats- und Universitätsbibliothek mussten in vielerlei Hinsicht wieder bei Null anfangen. „Von der Nachkriegszeit bis heute werden an der Staats- und Universitätsbibliothek große Anstrengungen unternommen, den Bestand neu auf- und weiter auszubauen", sagt Katharina Fegebank. „Die Stabi ist heute die größte wissenschaftliche Bibliothek des Stadtstaates Hamburg und der Metropolregion Hamburg. Sie versorgt dabei nicht nur die Angehörigen der Hamburger Hochschulen mit wissenschaftlicher Information, sondern alle Hamburgerinnen und Hamburger mit Informationen." Laut Fegebank sei die Stabi damit „eine Art papiernes Gewissen der Stadtgeschichte". Durch die stetigen Digitalisierungsarbeiten bestehe außerdem für alle Interessierten die Möglichkeit, die historischen Bestände auch digital zu erkunden, seien es Nachlässe, die Hamburger Adressbücher oder Zeitungsbestände.

Und die alte Bibliothek? Neben Fotos erinnern heute nur noch ein paar Zeitzeugenberichte an diesen verschwundenen Ort. In dem Buch *Mit dem Zeiger der Weltenuhr. Bilder und Erinnerungen* schrieb der ehemalige Altonaer Stadtarchivar Paul Theodor Hoffmann (1891-1952): „Man durchschritt die einladenden Arkaden des alten Baues und gelangte über den mit Grün geschmückten Innenhof zu dem Hauptgebäude, in dem einem der eigentümliche Duft großer Büchersammlungen entgegenschlug. Es war alles etwas veraltet und großräumig verwinkelt in diesem ursprünglich nicht für eine Bibliothek, sondern für die Gelehrtenschule des Johanneums geschaffenen Hause. Bilder und Plastiken verdienter Hamburger Wissenschaftler grüßten von den Wänden. Wie gut arbeitete es sich in dem alten, oft zu engen Lesesaal, wenn die Dämmerung über die Glasdecke hereinsank und die grünen Leselampen aufschimmerten! Dann leuchteten matt von den Wänden die rundum aufsteigenden Bücherreihen, und über die Tische gebeugt saßen viele fleißige Menschen, jung und alt."

Der Verlust durch die Zerstörung von Gebäuden und Inventar wurde offiziell auf eine Million Reichsmark, der Verlust an Büchern auf 27 Millionen Reichsmark veranschlagt. Doch schon damals war klar, was heute immer noch gilt: Der Schaden lässt sich gar nicht in Geld beziffern.

Katharina Fegebanks Bilanz: „Auch viele Jahrzehnte nach Ende des Zweiten Weltkriegs sind viele Wunden noch nicht verheilt. Es bleibt daher unser aller Aufgabe, die Bestände unserer Stadtgeschichte und wissenschaftlichen Schriften für die Nachwelt zu erhalten und sie auszuwerten, um noch mehr über unsere Stadt und die Stadtgeschichte zu lernen."

Hier stand die alte Bibliothek:

Sie befand sich genau neben dem Speersorthaus (Pressehaus) auf dem Domplatz (Grünanlage).

Der riesige Dom hatte einst ungefähr dort gestanden, wo später das Johanneum beziehungsweise die Stadtbibliothek erbaut wurde.

Dom

Der ungeliebte Fremdkörper

Der Abbruch des Doms begründete Hamburgs Ruf als „Freie und Abrissstadt". Heute ist es völlig undenkbar, dass ein bedeutendes und sakrales Bauwerk der Spitzhacke zum Opfer fällt – wie konnte es damals so weit kommen? „Wenn man sich die Stadt im Mittelalter vorstellen möchte, hat man schon so seine Probleme", sagt Dr. Silke Urbanski, „denn der Abbruch der Gängeviertel hat dem mittelalterlichen Stadtbild den Rest gegeben." Die Dozentin und Initiatorin des digitalen *Hamburg-Geschichtsbuchs* blickt vom heutigen Domplatz in Richtung Möncke-

Noch einmal der Domplatz mit der Grünzone – hier mit Blick in Richtung Petrikirche.

bergstraße. „Was sich selbst ein Mittelalterhistoriker aber nicht mehr vorstellen kann, ist der Dom, gleich neben St. Petri", sagt sie. „Er war eine riesige Hallenkirche mit mächtigen Seitenschiffen, umgeben von prächtigen Domkurien." Nachfolgend ein Versuch, mit Hilfe von Silke Urbanski den Bau ein Stück weit wiederauferstehen zu lassen.

Stellen wir uns Hamburg im Jahr 1806 vor. Die Stadt hat 111.300 Einwohner, elf Kirchen, neun Märkte und 200 Straßen. Ein Chronist spottet über das Gewirr von „krummen und schmalen Gassen" und stellt fest, dass es „deren, worin mehr als zwei Wagen bequem nebeneinander fahren können, wenige gab". Zwischen den heutigen Straßen Schopenstehl und Domstraße herrscht geschäftiges Treiben. Hammerschläge dröhnen, Karren voller Bauschutt rattern über die holprigen Wege. Der Mariendom, eines der größten und bedeutendsten mittelalterlichen Baudenkmäler in Norddeutschland, wird in mühsamer Arbeit abgebrochen. Der gotische Kreuzgang liegt in Trümmern, die kostbaren Grabplatten stapeln sich auf dem staubigen Trümmerfeld, die Orgel wird von Handwerkern abgebaut und aufgeteilt. Die Abrissarbeiten sind bis zum Mittelschiff vorgedrungen, an der höchsten Stelle Hamburgs steht nur noch ein Torso.

Die Stadt ist ihren Dom schon fast losgeworden, und es gibt nur noch wenige, die das bedauern. „Als der Abriss beschlossen wurde, war der gotische Stil der alten Kirche gerade nicht in Mode, aber das war nicht der Grund, weswegen diese Kirche den Hamburgern nicht am Herzen lag“, erläutert Silke Urbanski. „Schon im Mittelalter schwelte ein Streit zwischen Bürgern und Domherren. Die Domherren hielten ihre Kloake nicht instand, beteiligten sich nicht am Bau der Mauern und benahmen sich in der Stadt wie die Herren. Im Jahr 1337 sorgten sie dann auch noch dafür, dass die Stadt für zwanzig Jahre unter päpstlichen Bann gestellt wurde.“ Laut Silke Urbanski gingen die Spannungen immer weiter. „Schon um 1490 beschwerten sich die Hamburger über die schlechte Ausstattung der Schulen, die unter der Herrschaft des Domkapitels standen. Der Schulstreit wurde zum Auslöser der Reformation, ebenso wie die Ablässe, die der dom scholasticus eintrieb.“ Im Februar 1803 kam die Wende. Hamburg war durch den so genannten Reichsdeputationshauptschluss „Freie Reichsstadt“ geworden, zugleich wurde die Verstaatlichung aller geistlichen Güter beschlossen.

Die Zerstörung des Doms im Jahr 1806.

Im Zuge dieser Veränderung fällt das zuvor hannoversche Domkapitel, lange eine Art Staat im Staat, an Hamburg.

Das in seinen Grundzügen zwischen 1035 und 1043 erbaute und von 1248 bis 1329 erweiterte Gotteshaus kann die Hanseaten nicht recht begeistern. Zum einen gilt es vielen als Symbol der „ausländischen Macht“, zum anderen ist die Gesamtanlage geradezu gigantisch groß: Sie besteht aus dem Domstift mit der fünfschiffigen Domkirche, Westturm, Kreuzgang und dem so genannten Schappendom, einer von sieben mächtigen Granitsäulen getragenen Halle. Was also soll mit dem steinernen Ungetüm geschehen, dem man sein stolzes Alter deutlich ansieht?

Die Historikerin Silke Urbanski erläutert die Gründe für den Abbruch des Doms.

Rat und Bürgerschaft entschließen sich rasch zum Abriss – Todesstoß für eines der ganz wenigen mittelalterlichen Bauwerke in Hamburg. Doch der Geschäftssinn der völlig unsentimentalen Hamburger geht sogar noch eine Spur weiter: Durch den Verkauf der Abbruchrechte und die Versteigerung des Inventars will die Stadt zusätzliches Geld einnehmen.

Damit erst gar keine Zweifel aufkommen, wird der Dom kurzerhand für einsturzgefährdet erklärt – eine der vielen unsinnigen Behauptungen, die damals die Runde machten. Denn ein Gutachten des Baumeisters Sonnin belegt, dass die Erhaltung möglich gewesen wäre, auch wenn sie eine große finanzielle Belastung für Hamburg bedeutet hätte. Vermutlich wurden die veranschlagten Restaurierungskosten extra etwas nach oben aufgerundet. Ansonsten sind die Fakten ernüchternd, und sie machen die umstrittene Entscheidung der Stadtväter letztlich doch verständlich.

Erstens: Der Dom hatte seine ursprüngliche Funktion längst eingebüßt. Er wurde nach der Reformation kaum noch für katholische Gottesdienste genutzt, weil die überwiegende Zahl der Hamburger konvertiert war und damit eine große Gemeinde fehlte. Die Errichtung eines neuen (fünften) Kirchspiels hätte den vier in der Nähe liegenden Kirchspielen obendrein Gemeindemitglieder entzogen.

Zweitens: Die gesamte Anlage hatte sich im Lauf der Jahre zu einem „riesigen Kremershauß" gewandelt, wie eine zeitgenössische Quelle berichtet. Dort gab es Webereien und Bücher zu kaufen, und der Schappendom bot den Tischlern reichlich Ausstellungsfläche (Schapp ist niederdeutsch für Schrank). In den Kreuzgängen fand alljährlich der Weihnachtsmarkt statt, aber auch kleine Schankstuben waren zeitweilig vorhanden. Überhaupt ging es in dem alten Gemäuer ziemlich weltlich zu: Auf der Gruftkapelle der Schauenburger Grafen wurden Würstchen verkauft, Schlägereien waren an der Tagesordnung, und „auch den Mädchen", so ein Zeitzeuge, „pflegte in den dunklen Schlupfwinkeln der mangelhaft erleuchteten Domkirche manches Malheur zu passieren". Selbst bei Geschäftemachern hatte der Ort schon lange keinen guten Ruf mehr, die Händler zogen immer häufiger zum Jungfernstieg oder Neuen Wall.

„Die Hamburger und der Dom waren sich nicht wirklich grün. Kein Wunder, dass sie ihn abgerissen haben, auch wenn wir es heute mit Wehmut bedauern."

Drittens – und der wohl wichtigste Punkt: Der Hamburger Senat befürchtete die Rücknahme oder Abänderung des Reichsdeputationshauptbeschlusses. In diesem Fall hätte er seine Macht über das Domkapitel wieder verloren. Mit dem schnellen Abriss kamen die Stadtväter entsprechenden Plänen zuvor.

Es gab also gute Gründe für den Abbruch des Gotteshauses – bessere jedenfalls, als sie bei späteren Abrissaktionen in Hamburg vorgebracht wurden.

Bis heute unverständlich ist allerdings die unsensible Vorgehensweise der Abrisstrupps. Die kostbaren Gemälde wurden auf einem Bauhof gelagert, Kunstwerke zu Schleuderpreisen versteigert, und vieles verschwand noch vor der Registrierung.

Die aus bunten Bilderkacheln zusammengesetzte Grabplatte des Papstes Benedict V., der um 965 in Hamburg gestorben war, wurde zertrümmert, die Bruchstücke wurden weggeworfen. Plumpe Geschäftemacher verhökerten Kronleuchter, Kanzel und Gestühl, die wertvollen Grab- und Wandplatten gingen für 300 Mark an eine Firma, die sie zum Bau eines Sieles über der Reeperbahn benutzte.

Im Oktober 1807 konnte die so genannte Domheimfallskommission „reinen Grund" melden und stolz verkünden, dass der Abriss der Stadt auch noch 50.000 Mark eingebracht hatte. Mit den restlichen Trümmern wurden – wie praktisch – Deiche in Ochsenwerder ausgebessert.

„Die Hamburger und der Dom waren sich nicht wirklich grün", bilanziert Silke Urbanski. „Kein Wunder, dass sie ihn dann abgerissen haben, auch wenn wir es heute mit Wehmut bedauern."

Im Volksmund war „Dom" längst ein Synonym für den Christusmarkt geworden, der Name ist für das Gewirr aus Buden und Karussells bis heute erhalten. Seit 1893 wird das marktähnliche Treiben auf dem Heiligengeistfeld gefeiert, so erinnert – außer der Domstraße – jetzt ein Volksfest an Hamburgs ersten großen Abriss.

Hier stand der Dom:

Er erhob sich ungefähr auf dem heutigen Domplatz, dort, wo später das Johanneum errichtet wurde.

Das Haus, in dem Alma del Banco 1943 starb, unmittelbar vor dem Abriss. Die Künstlerin hatte im Obergeschoss ein kleines Atelier.

Alma del Bancos Wohnung

Tod und Abriss in Blankenese

Das Grundstück an der Hasenhöhe 95 in Blankenese ist mit einem modernen Mehrfamilienhaus bebaut, das nicht sonderlich auffällt. Deutlich interessanter ist bei dieser Adresse der Blick in die Vergangenheit. Denn hier stand bis 2019 das Haus, in dem die bekannte Hamburger Künstlerin Alma del Banco gewohnt hatte und in dem sie sich im März 1943 das Leben nahm. Del Banco war eine bedeutende Malerin der Moderne, auch war sie Gründungsmitglied der Künstlervereinigung „Hamburgische Sezession".

Auf dem Grundstück steht, an anderer Stelle und mit anderer Ausrichtung, inzwischen ein Neubau.

Ihre Lebensgeschichte hat die Kunsthistorikerin Dr. Friederike Weimar rekonstruiert, die auch über del Banco promovierte. Die wichtigsten Fakten: Am Weihnachtstag 1862 wurde Alma del Banco in Hamburg geboren. Sie wuchs als jüngste Tochter einer assimilierten jüdischen Familie in gut situierten Verhältnissen auf. Ihre Mutter hieß Therese del Banco; ihr Vater Eduard del Banco betrieb ein Handelsgeschäft für Rauchwaren, Borsten und Daunen. Sigmund del Banco (um 1856-1938), der ältere Bruder Alma del Bancos, baute dieses Geschäft aus und konnte nach dem frühen Tod der Eltern seinen Schwestern und sich einen großzügigen Lebensstil finanzieren. Er und Alma del Banco blieben beide unverheiratet und teilten sich bis zu seinem Tod eine Wohnung am Jungfernstieg 50. Im Alter von mehr als 30 Jahren wandte sich Alma del Banco der Malerei zu und nahm ein Studium an der renommierten „Privaten Kunstschule für Damen“ von Valeska Röver (1849-1931) auf. Hier besuchte sie die Klasse von Ernst Eitner (1867-1955), der ein bekannter Vertreter der Freilichtmalerei war und dem Hamburgischen Künstlerclub von 1897 angehörte. Als sich 1919 die Hamburgische Sezession zusammenfand, gehörte Alma del Banco zu den Gründungsmitgliedern. Ähnlich wie bei den bekannteren Sezessionen in Berlin und Wien, die sich schon um die Jahrhundertwende gegründet hatten, bedeutete auch die Hamburger Gründung die Absage an eine konventionelle Kunstauffassung.

Doch del Bancos Betätigungsfeld war noch größer. Als unabhängige Frau war sie nicht nur in der GEDOK aktiv, dem Dachverband deutscher und österreichischer Künstlerinnenvereinigungen, sondern auch als Mitbegründerin des ersten deutschen ZONTA-Clubs – einer Organisation berufstätiger Frauen, die sich für die Stärkung der wirtschaftlichen, rechtlichen und sozialen Situation von Frauen weltweit engagiert. Alma del Bancos Lebensmittelpunkt verlagerte sich in den späten 1930er-Jahren nach Blankenese, nachdem ihr Bruder 1938 gestorben war. Del Banco löste ihre Wohnung auf und zog zu ihrem Schwager Dr. Hans Lübbert. Dieser hatte sich nach dem Tod seiner Frau, der Schwester Alma del Bancos, Mitte der 30er-Jahre an der Hasenhöhe das mittlerweile abgerissene Haus gebaut und es von Anfang an so geplant, dass auch genug Platz für Alma vorhanden sein sollte. Im Obergeschoss richtete er für sie zwei Zimmer mit großen Atelierfenstern ein. „Ihre Zugehörigkeit zur jüdischen Gemeinde und ihre Fortschrittlichkeit als Künstlerin sowie als Frau machten sie zum Feindbild der Nationalsozialisten", sagt Friederike Weimar. 1933 wurde die Jahresausstellung der Hamburgischen Sezession polizeilich wegen „Förderung des Kulturbolschewismus" geschlossen. Staatliche Stellen forderten die Sezession, die GEDOK und den ZONTA-Club – wie alle Vereine – zur Gleichschaltung auf, also zum Ausschluss ihrer jüdischen Mitglieder und zum Bekenntnis zum NS-Regime. „Die Sezession und der ZONTA-Club zogen die Selbstauflösung vor", berichtet Weimar, „Alma del Bancos Atelier wurde gekündigt, Modelle durfte sie nicht mehr beschäftigen." Mit der Auflösung der Sezession war ihr jegliche Ausstellungsmöglichkeit genommen. Alma del Banco zog sich immer stärker zurück, besuchte nur gelegentlich die Künstlerin Gretchen Wohlwill (1878-1962) in Finkenwerder, um dort in der Natur zu malen. Schließlich wurde ihre Lage, wie die der anderen in Hamburg verbliebenen Jüdinnen und Juden, immer prekärer. Ab 19.

September 1941 mussten sie alle den „gelben Stern“ tragen. Alma del Banco verließ nun, so die Erinnerungen ihrer Großnichte, nur noch selten das Haus an der Hasenhöhe. Tatsächlich stand sie unter Hausarrest. Im Oktober 1941 begannen die Deportationen, und Anfang März 1943 erhielt die 80-jährige Alma del Banco einen Deportationsbefehl für den 10. März nach Theresienstadt. In der Nacht vom 7. auf den 8. März, also drei Tage davor, nahm sie sich das Leben. Die Großnichte Lia Lübbert besuchte gemeinsam mit ihrem Vater die Künstlerin noch am Nachmittag vor ihrem Tod. Die letzten Stunden an der Hasenhöhe beschreibt Friederike Weimar so: „Ihr Entschluss, aus dem Leben zu scheiden, war – so Lia Lübbert – zu diesem Zeitpunkt schon beschlossene Sache.“ Heiter wie immer sei ihr Alma del Banco begegnet. Der Schwager erinnerte sich später an das letzte gemeinsame Abendbrot. Alma del Banco habe noch Buttermarken eingelöst und Butterbrot gegessen. Anschließend habe sie eine hohe Dosis Morphium genommen und gesagt: „Besser kann man es gar nicht haben.“ Gegen Morgen sei sie dann gestorben.

Nachbarn an der Hasenhöhe erinnern sich noch gut an das ehemals schmucke Einzelhaus. Dass es schließlich abgerissen wurde, kritisieren sie nicht, allerdings sei der Umgang mit der geschichtsträchtigen Immobilie in den Jahren davor „unwürdig“ gewesen. Jahrelang hatte das Haus nach mehreren Besitzerwechseln leer gestanden. „Die Heizung wurde abgestellt, die Fenster standen bei Wind und Wetter offen“, sagt eine Nachbarin, „das war ein Verfall mit Ansage.“ Die Innenräume seien zuletzt mit Graffiti besprüht gewesen, einmal habe man in der Ruine eine wilde Party gefeiert. Entsprechend schnell sei dann auch der Abriss vonstatten gegangen. Als „bedauerlich“ bezeichnet Prof. Friedemann Hellwig, Vorsitzender des Vereins zur Erforschung der Geschichte der Juden in Blankenese, den Abriss des Hauses. „Auf diese Weise ist ein Stück Geschichte verschwunden.“

Hier befand sich Alma del Bancos Wohnung:

Das Haus stand in der Hasenhöhe 95, dicht an der Straße und im Gegensatz zum Nachfolgebau quer und nicht längs zur Hasenhöhe.

Unbeschadet von Kriegs- und Nachkriegszerstörungen stand Martin Hallers Meisterwerk noch bis 1967. Dann wurde es abgebrochen.

Dovenhof

Hamburgs erstes Kontorhaus

Martin Haller (1835-1925) gehörte zweifellos zu Hamburgs größten Baumeistern. Er war Kopf der Rathaus-Architekten, ihm verdankt die Stadt die Musikhalle und die (im Krieg zerstörte) Fassade der Oper. Haller wurde schon zu Lebzeiten mit Ehrungen überhäuft, seine Arbeiten gelten heute in vielem als richtungsweisend.

Doch Hallers wohl eigenwilligstes und in seiner Zeit modernstes Bauwerk kann heute nicht mehr bewundert werden: der Dovenhof. Das 1885/86 erbaute, völlig intakte Kontorhaus fiel 1967 der Abriss-

Heute erhebt sich eines der vielen modernen Bürohäuser über der Brandstwiete.

birne zum Opfer – eine der unsinnigsten Abbruch-Aktionen in der Geschichte der Hansestadt.

Der Hamburger Architekt und renommierte Denkmalpfleger Alk Arwed Friedrichsen nimmt sich Zeit, Hallers Meisterwerk aus heutiger Sicht zu interpretieren. Dessen Verschwinden bezeichnet er als „Tragödie", und Friedrichsen ist sicher: „Heute würde man den Dovenhof als eine Sehenswürdigkeit präsentieren."

Rückblick: 1885 beauftragt der durch den Düngerhandel reich gewordene „Guanokönig" Heinrich Freiherr von Ohlendorff (1836-1928) der Baumeister Martin Haller mit dem Bau eines neuen Kontorhauses an der Brandstwiete. Alleine für das Grundstück hat der Freiherr, dessen pompöse Villa in Hamm ebenfalls nach Hallers Plänen gebaut wurde, eine Million hingeblättert. Von Haller erwartet er nun „ein großes, allen modernen Anforderungen der Zeit entsprechendes Comptoirhaus". Und modern ist, was Haller da schon 1886 bezugsfertig abliefert, allemal. Mehr noch: Der Dovenhof ist eine Sensation, ein modernes Bürohaus, seiner Zeit um Lichtjahre voraus. Bereits die kühn geschwungene Sandstein-Fassade unterscheidet sich deutlich von den übrigen Türmchenbauten der Gründerjahre. „Das großartige Gebäude ist vier Stock hoch, und sind die Räume, wie schon jetzt zu übersehen ist, von außerordentlichem Umfang“, notierte ein Reporter der Zeitung *Hamburger Nachrichten*. Das im Stile der französischen Renaissance erbaute Haus ist voll elektrifiziert. Haller hat tragende Säulen gewählt und auf Zwischenwände verzichtet. Dadurch können die Mieter ihre Arbeitsflächen frei einteilen. Haller dazu 1897 bei einem Vortrag: „Die hierdurch in erhöhtem Maße gewährleistete Aufrechterhaltung von Ordnung und Sauberkeit, sowie die größere Feuersicherheit machen die Benutzung für die Mieter angenehmer und gestalten die Anlage dadurch zu einer rentablen.“

Denkmalpfleger Alk Arwed Friedrichsen ist mit der Geschichte des Dovenhofs bestens vertraut.

Der Dovenhof hat eine eigene Dampfheizung und einen durchgehenden Lichthof mit einer freitragenden Galerie.

„Für die elektrische Beleuchtung gab es sogar einen eigenen Stromgenerator“, sagt Alk Arwed Friedrichsen bewundernd, „zwei Jahrzehnte, bevor elektrische Beleuchtung in Hamburg üblich wurde. „Sogar die Stahlrollos vor den Fenstern wurden hydraulisch betrieben. Und eine direkte Rohrpostleitung führte aus dem Dovenhof unter Wasser in die Speicherstadt.“

Die wohl spektakulärste Neuheit: In dem Kontorhaus, das Ohlendorff schließlich 1,5 Millionen Goldmark kostet, dreht sich der erste Paternoster auf dem europäischen Kontinent! Nach der Inbetriebnahme versucht ein Redakteur der *Hamburger Nachrichten* mühsam, den Lesern das Prinzip zu erläutern. Kostprobe: „Derselbe ist ein sogenannter continuierlicher, nach neuerem englischen System construierter, der sich von den bisher in Deutschland üblichen Fahrstühlen dadurch unterscheidet, dass an Stelle eines einzigen Cabinets eine größere Anzahl kleinerer, für nur je eine Person bestimmter, an einer Kette ohne Ende befestigt, sich beständig und in kurzen Zwischenräumen, ohne zu halten, auf und nieder bewegen."

Obwohl sich die „Cabinette" so langsam drehen, dass angeblich auch „Damen und Greise ohne bedenken und ohne Hilfe sie besteigen und verlassen können", kommt es in der Folgezeit zu mehreren Unfällen, bei denen einige Benutzer erheblich verletzt werden. Dem Ruf, den Paternoster umgehend wieder abzuschaffen, wird trotzdem nicht Folge geleistet – er übersteht die nächsten 81 Jahre unverändert.

Welchen Stellenwert hat der Bau in Hamburgs Architekturgeschichte und was davon wirkt bis in unsere Tage nach? „Das Bild vom Kontorhaus ist in Hamburg vom Chilehaus und seinen Backsteinbrüdern besetzt", erläutert Alk Friedrichsen. Aber die innere Idee, frei aufteilbare Büroflächen zu schaffen, war schon fast vier Jahrzehnte früher von Martin Haller mit dem Dovenhof in Hamburg eingeführt worden." Die Modernität des Hauses zahlt sich über Jahrzehnte aus: Der Dovenhof blieb bis zuletzt vollständig vermietet – er war eines der wenigen Hamburger Traditionsgebäude, das sich wohl auch weiterhin finanziell getragen hätte.

Mit Bauten wie dem „Neuen Dovenhof" und dem „Zürichhaus" versuchten Hamburgs Stadtplaner später wieder an die Tradition der Kontorhäuser anzuknüpfen. Denn auch die innere Gestaltung war laut Alk Friedrichsen wegweisend. Eine zentrale Eingangshalle habe sich in zwei große Korridorflügel und die offenen Treppenräume geöffnet. „Die Korridore wurden in den oberen Geschossen zu Balkonen, die an den Räumen entlangliefen", erläutert Friedrichsen. „Diese Gestaltung ließ das Tageslicht von den großen Glaskuppeln im Dach bis in das Erdgeschoss fallen." Alk Friedrichsen ist sicher: „In dieser Konzeption war der Dovenhof Vorgänger der heutigen Europapassage." Und: „Haller entwickelte diesen Bautyp als Antwort auf die Speicherstadt, in der nur noch gelagert wurde und die Kaufleute ihre Wohnungen immer häufiger außerhalb des Stadtzentrums nahmen. Insofern ist der Dovenhof auch ein Schlüsselbau für die City-Bildung in Hamburg."

Aber warum musste Hamburgs bedeutendstes Kontorhaus, an dessen Stelle sich dann jahrzehntelang der Parkplatz des „Spiegel"-Hauses befand, überhaupt mit den Jahren verschwinden? Warum dieser Abbruch, den der Kunsthistoriker Prof. Hermann Hipp später mit der Vernichtung einer Gutenberg-Bibel verglich?

Ein moderner Bürobau am anderen Ende der Brandstwiete, der, warum auch immer, Neuer Dovenhof heißt.

Seine Erklärung beginnt Alk Friedrichsen noch einmal mit einer Beschreibung des Dovenhofs: „Seine Fassade bestand im Wesentlichen aus Sandstein und Granit, mit neuartigen Fensterrahmen aus Stahl und Messing, deren große Scheiben noch von Hand geschliffen und poliert worden waren. Die eleganten Fassaden waren mit ihren Gesimsbändern und der ausgeprägten Dachlandschaft betont repräsentativ, in ihrer konservativen Gestaltung aber auch ausgewogen und harmonisch. Für so eine feine und differenzierte Gestaltung hatte die moderne Stadtplanung schon vor dem Zweiten Weltkrieg kein Verständnis mehr." Friedrichsen ist sicher: „Als helle, solitär stehende Kuben in Mode kamen, war der Dovenhof für die Entscheider nur noch ein in die Jahre gekommener, massiver Blockbau, und auch dessen innere, spektakuläre Modernität interessierte nicht mehr."

Möge die Vorsehung dieses Haus in ihren Schutz nehmen stand bis zuletzt über dem Eingang – ein frommer Wunsch, der über viele Jahre erfüllt wurde. Während im Zweiten Weltkrieg die meisten Häuser ringsum in Schutt und Asche sanken, bekam das imposante Kontorhaus wie durch ein Wunder kaum einen Kratzer ab. Auch den Bau der Ost-West-Straße, der viele andere Gebäude umwarf, überstand es unbeschadet.

Der 75. Geburtstag des Hauses findet in der Presse noch viel Beachtung, als der Bezirksausschuss Hamburg-Mitte im Frühjahr 1967 dann überraschend dem „Durchführungsplan" zustimmt. Für den Abriss und die Planung des Neubaus ist der renommierte Architekt Werner Kallmorgen (1902-1979) zuständig. Noch eine Woche vor dem Abbruch, so bemerkt Abendblatt-Reporter Alwin Bellmann, sind die schweren Mahagonibänke frisch poliert – die Zeiger der Uhr in der Halle und der alte Paternoster drehen sich allerdings nicht mehr.

Das Schicksal hatte es mehr als 80 Jahre gut gemeint mit dem Dovenhof. Aber die Stadt, der dieses Wunderwerk anvertraut wurde, ließ es gnadenlos in Stücke schlagen. Oder wie Alk Friedrichsen bilanziert: „Das Gedächtnis der Stadt war so kurz, dass kein Wort dagegen erhoben wurde, als er für eben diese Citybildung abgerissen wurde."

Hier befand sich der Dovenhof:

Er stand an der Brandstwiete / Ecke Dovenfleet, gegenüber der Kornhausbrücke.

Das Bismarckbad aus der Zeit um 1900. Die Anlage wurde damals vor allem von Altonaer Arbeiterinnen und Arbeitern genutzt.

Bismarckbad

Kampf bis zuletzt

Vor allem in den 1960er- und 70er-Jahren wurden in Hamburg zahlreiche Bauten abgerissen, die den Zweiten Weltkrieg einigermaßen unbeschadet überstanden hatten und dann für irgendwelche Neubauprojekte weichen mussten. Die „Freie und Abrissstadt" Hamburg ist als solche dafür hinterher kritisiert worden, aber man muss fairer Weise sagen, dass in anderen deutschen Großstädten damals genauso verfahren wurde. In den Nachkriegsjahren musste schnell bezahlbarer Wohnraum geschaffen werden, Zeit und vor allem Geld für die Rettung teilzerstörter Altbau-

Nichts blieb vom hart umkämpften Bismarckbad übrig. Wo einst gebadet wurde, kann heute – wie üblich – eingekauft und gegessen werden.

substanz fehlte. Hinzu kam: Auch in Hamburg stand hinter Abrissaktionen oft der Wunsch, nach der NS-Zeit Altes abzuräumen und auch in der Architektur den Aufbruch in eine neue, im wahrsten Sinne des Wortes hellere und leichtere Zeit zu demonstrieren.

In der Öffentlichkeit setzte etwa in den späten 1970ern und frühen 80ern ein verstärktes Bewusstsein für den besonderen Wert historischer Bausubstanz ein. Die Menschen interessierten sich zunehmend für Gebäude, die ihnen vertraut waren, im Ernstfall war man bereit, für deren Erhalt zu kämpfen. Besonders deutlich wurde das, als es um die Rettung des Bismarckbads in Ottensen ging. Wohl kein verschwundener Ort war in den vergangenen Jahrzehnten so leidenschaftlich, so einheitlich, aber letztlich so unerwartet vergebens umkämpft.

Das Bismarckbad war 1911 nach Plänen des Stadtbaurats Emil Brandt an der damaligen Bismarckstraße erbaut worden, die heute Ottenser Hauptstraße heißt. Viele Jahre später würde man die schöne Jugendstilarchitektur preisen, doch damals war die Anlage rein funktional geplant, und der Baustil entsprach dem unzähliger anderer öffentlicher Gebäude. Ähnlich wie bei anderen öffentlichen Bädern, zum Beispiel der Wasch- und Badeanstalt Schweinemarkt, stand der soziale Aspekt dabei im Vordergrund: In den umliegenden Altonaer Wohnungen und Arbeitsstätten gab es kaum Wasch-, geschweige denn Badegelegenheiten, und mit der neuen Einrichtung sollten die Nutzerinnen und Nutzer durchaus auch zu Körperpflege und Reinlichkeit ermuntert werden. Der Zeit entsprechend, waren Männer- und Frauenbad zunächst voneinander getrennt: Für die Männer gab es eine Halle mit 78 Umkleidekabinen, Frauen mussten sich mit einer etwas kleineren zufrieden geben, in der 48 Kabinen Platz fanden. Clou war ein separates Hundebad, das noch bis 1980 existierte. Das Innere hatte bis in unsere Zeit Ähnlichkeit mit dem Inneren des Holthusen Bads in Eppendorf. Allerdings war das Bismarckbad im Laufe der Jahrzehnte trotz etlicher Umbauten nie so aufwendig und stilvoll renoviert worden wie das schicke Holthusen Bad. Das Bismarckbad war auch viel eher ein Treffpunkt mit sozialer Funktion, eine uncoole Anlaufstelle für alle. Sein Charme war abgeblättert, aber es hatte nach wie vor eine große Anziehungskraft.

Doch Anfang der 2000er-Jahre war der Stadtteil Ottensen schick geworden – und die Immobilienpreise kräftig gestiegen. Das „Bissi", so der Spitzname, hatte ein Imageproblem – jedenfalls bei denjenigen, die bei der „Gentrifizierung" der Gegend mitmachten. Als um 2004 bekannt wurde, dass der Betreiber Bäderland das Bad schließen und abreißen lassen wollte, formierte sich Widerstand bei den Bissi-Fans, der von Anfang an gut organisiert war und viele Hamburgerinnen und Hamburger erreichte. Es gab genau die Bürgerbeteiligung, die Politikerinnen und Politiker in Sonntagsreden vordergründig nicht nur gutheißen, sondern geradezu einfordern.

Von denjenigen, die den Abriss unterstützten, beziehungsweise nichts dagegen einzuwenden hatten, ist immer wieder ins Feld geführt worden, dass das alte Bad schon lange nur noch wenig mit dem alten Jugendstilgebäude von 1911 gemein hatte. Wahr ist, dass der Bau im Laufe der Jahrzehnte immer wieder verändert worden war – und zwar deutlich rigoroser als beispielsweise das Holthusen Bad. Ein neues, vorgelagertes Entree, in das später ein Schnellrestaurant eingebaut wurde, empfanden viele als nicht gelungen. Erker, kleine Fenster und Rundungen waren an der Stirnseite zu einem rechteckigen Kasten vereinfacht worden, und die großen, durchgehenden Seitenfenster mit den modernen Rahmen ließen das Gebäude von weitem wie einen Busbahnhof wirken. Wahr ist aber auch, dass sich im Inneren der alte Jugendstilcharme durchaus noch erleben ließ und dass in Hamburg in den vergangenen Jahrzehnten auch immer wieder historische Bauten erhalten wurden, die viel stärker verändert waren und deren scheinbare Originalsubstanz erst mal mühsam rekonstruiert werden musste.

2004 formierte sich dann die Initiative „Unser Bismarckbad bleibt", die ein Bürgerbegehren für den Erhalt startete. Im Bürgerentscheid sprachen sich schließlich 34.324 Menschen dafür aus, das waren 78,7 Prozent der Wahlbeteiligten. Doch der Senat kassierte den Entscheid ein („evozierte" ihn), was rechtlich möglich ist.

Im Jahr 2005 verkaufte Bäderland Hamburg GmbH das Bad an die Deutsche Grundvermögen (DGAG), die bereits das benachbarte Einkaufszentrum „Mercado" und das, ebenfalls benachbarte, „Bahnhof Altona Shopping" betrieb. Um die Gemüter etwas zu beruhigen, kündigte Bäderland den Bau eines neuen Schwimmbads an der Holstenstraße an, und damit war dann auch ziemlich klar, was nun folgen würde. Nachdem es zunächst noch geheißen hatte, dass zumindest die große Schwimmhalle möglicherweise erhalten bliebe, erteilte der DGAG-Geschäftsführer diesem Plan Ende 2005 eine Absage, weil dafür der Kaufpreis deutlich zu hoch gewesen sei. Stattdessen wurden die endgültige Schließung und der Abriss öffentlich angekündigt.

Danach ging es ziemlich schnell. Stadtarchivar Wolfgang Vacano gelang es noch, auf der Baustelle ein paar Erinnerungsstücke einzusammeln, dann war es mit dem Bismarckbad vorbei. Auf der Strecke blieben nicht nur ein Jugendstilbau, sondern bei manchen auch das Vertrauen in die Versprechungen der Politiker.

Hier stand das Bismarckbad:

Es erhob sich Ecke Scheel-Plessen-Straße / Ottenser Hauptstraße (gegenüber vom Bahnhofszugang).

Die Badeanstalt Schwanenwik in den 1930er-Jahren. Deutlich ist die Unterteilung in verschiedene Bereiche zu erkennen. Einst hatten Männer und Frauen getrennt gebadet.

Badeanstalt Schwanenwik

Einfach mal abtauchen

Die Alster, blaue Lebensader mitten in der pulsierenden Stadt, lockt die Hamburger schon seit Jahrhunderten zu Sport und Spaß. Doch an heißen Sommertagen dort mit Genehmigung zu schwimmen und zu tauchen – das ist mittlerweile nichts weiter als ein schöner Traum. Von 1869 an sah die Sache anders aus. Damals, am 15. Juni, wurde am Schwanenwik Hamburgs offizieller Alster-Badeplatz eingerichtet.

Die erste städtische Anlage war das, anders als oft kolportiert, allerdings nicht. Schon 1850 gab es auf dem Grasbrook einen solchen

Die Badeanstalt ist verschwunden, der Traum vom (offiziellen) Baden in der Alster an einem Ort für alle blieb. Ob er jemals erfüllt wird, ist fraglich.

Platz, sogar mit Umkleidekabinen, der später auf die Veddel verlegt wurde. Und auch in der Binnenalster durfte schon viel früher gebadet werden: 1793 war hier auf Betreiben der Patriotischen Gesellschaft ein Floß mit zwölf Kabinen eingerichtet worden. Dieses „Badeschiff" galt als eine der ersten Flussbadeanstalten Deutschlands.

Zurück zur Außenalster. Dort hatte es über Jahrzehnte jede Menge kleine Schwimmschulen und Mini-„Badeanstalten" gegeben, die – mal mehr, mal weniger offiziell – privat betrieben wurden. Mancher improvisierte Badeplatz war im Laufe der Zeit zusätzlich entstanden und stillschweigend toleriert worden. Unzählige Hamburger Kinder lernten dort das Schwimmen, doch im Laufe der Zeit wurde klar, dass es angesichts steigender Bevölkerungszahlen und immer stärkerer Bebauung auf Dauer so lax nicht weitergehen konnte.

Wie Wilhelm Melhop (1856-1843) in seinem Klassiker *Die Alster* schreibt, war das Baden in der Außenalster schon im frühen 19. Jahrhundert offiziell nur an einer Stelle erlaubt: südlich des sogenannten

Schlachterlandes bei der Uhlenhorst, ungefähr dort, wo heute die Straße Schwanenwik verläuft. Die Uferlinie war damals noch viel zerfaserter als in unserer Zeit, befestigte Wege gab es nicht. Der Badeplatz selbst lag weit im Wasser auf einer Sandbank, sodass man mit Ruderbooten dorthin übersetzen musste.

„Die Notwendigkeit, im Boote sich aus- und wieder anzuziehen, machte das Baden daselbst nur bei gutem Wetter angenehm", schreibt Melhop. Trotz der umständlichen Anfahrt und des eher flachen Wassers war der Badeplatz, der ausschließlich von halbwüchsigen Jungs und Männern genutzt wurde, beliebt und an warmen Sommertagen sehr belebt.

„Das freie Bad hatte für die auf der Alster spazieren fahrenden, ja selbst für die Anwohner des jenseitigen Ufers manches Unangenehme im Gefolge", deutet Melhop an. „Überfahrten mit größeren Töchtern", so der Autor, „waren eine heikle Sache." Gebadet wurde nämlich nackt, und immer wieder gab es Beschwerden über angeblich unsittliches Gebaren vor Ort. Wie Quellen belegen, sollen die vorbeischippernden höheren Töchter (und ihre Mütter) aber durchaus immer mal ein Auge riskiert haben.

Andere fanden das Ganze weniger spaßig. Im Sommer 1861 beschwerten sich die *Vaterstädtischen Blätter* der *Hamburger Nachrichten* darüber, dass viele Badende „die in Booten fahrenden Frauen und Kinder durch unschickliches Benehmen erschreckten".

Als sich die Stadt weiter ausdehnte und das nordöstliche Alsterufer erschlossen wurde, kam die Zeit für den neuen Badeplatz. Größer, sicherer und besser kontrollierbar sollte er sein. Die Behörden ließen eine künstliche Insel aufschütten und mehrere barackenartige Gebäude errichten – ungefähr dort, wo heute die „Grillwiese" unterhalb der Sechslingspforte liegt. Die Anlage wurde – das war vielen besonders wichtig – mit Büschen und Bäumen vor neugierigen Blicken aus Richtung Landseite geschützt.

Der „Strandbadeplatz für Männer und Knaben" verfügte zunächst über ein rund 3.000 Quadratmeter großes, relativ flaches Uferbecken, vor das 1883 ein großes Schwimmbecken gebaut wurde, das auch noch einmal 3.500 Quadratmeter groß war. Erst von 1900 bis 1901 ließ die Stadt an der südlichen Seite eine Frauen-Badeanstalt (mit besonderem

Zugang) bauen, die laut Melhop bereits im ersten Betriebsjahr von mehr als einer halben Million Frauen und Mädchen besucht wurde. Wegen der starken Nachfrage folgte bis 1906 noch ein weiteres Frauenbad auf der Nordseite.

1888 war nahe der Lombardsbrücke die schicke „Alsterlust“ fertiggestellt, streng genommen Nachfolgerin des alten Badeschiffs, das im Laufe der Jahre von der Binnen- in die Außenalster verlegt worden war und vorübergehend als Donnersche Badeanstalt bekannt wurde.

Die Reste der schon länger nicht mehr genutzten Badeanstalt Schwanenwik wurden im Zweiten Weltkrieg zerstört. Der Zahn der Zeit hatte an ihr genagt, die schlechter werdende Wasserqualität war ein häufiges Thema. Ein Liedchen über Hamburgs Badefreuden begann mit der Zeile: „Am Schwanenwik / schwimm’ die Ködel mit Musik“, und an anderer Stelle hieß es vielsagend: „In der Alster schwimmt ’n Qualster.“ Hinzu kam, dass in vielen Stadtteilen Hallen- und Freibäder entstanden waren, die Kunden abzogen.

Auch die Alsterlust hatte schon vor dem Krieg ihre besten Jahre hinter sich. Ihre Umgestaltung in ein Bootshaus war bereits beschlossen, konnte dann aber nicht mehr umgesetzt werden. Man kann nur darüber spekulieren, ob und wie die beiden riesigen Anlagen heute genutzt werden könnten. Deutlich gestiegene Anforderungen an die Sicherheit und viele Hygiene- und Umweltauflagen müssten berücksichtigt werden. Möglicherweise wären sie längst unrentabel geworden, der Abrissbirne zum Opfer gefallen und – wenn überhaupt – völlig neu gebaut worden.

Doch mögen die Badeanstalten auch verschwunden sein – den Traum vom Schwimmen in der Alster haben die Hamburger nie aufgegeben. Und wie das mit Träumen so ist: Manchmal werden sie gerade dann wahr, wenn niemand mehr damit rechnet.

Hier befand sich die Badeanstalt Schwanenwik:

Sie stand südlich und westlich der Straße Schwanenwik, zwischen Schwanenwikbrücke und Hohenfelder Brücke. Einen Teil der Anlage bedeckt jetzt die Wiese mit der Skulptur „Drei Männer im Boot“.

Der nach Plänen des Architekten Albert Erbe 1908 fertiggestellte Neubau des Waisenhauses an der Averhoffstraße.

Waisenhaus

Harte Kindheit hinter hohen Mauern

Hamburgs verschwundenes Waisenhaus: Hier geht es genau genommen gleich um zwei Orte. Das 1785 fertiggestellte alte Waisenhaus an der Admiralitätsstraße, das nach der Zerstörung des Hamburger Rathauses durch den Brand von 1842 immerhin bis 1897 dessen Funktionen übernommen hatte und damit einer der bedeutenden Bauten in Hamburgs Stadtgeschichte war, ging im Bombenhagel des Zweiten Weltkriegs unter. Während heute unzählige „wichtige" Aspekte der Stadtgeschichte kleinteilig aufgearbeitet werden, ist dieser schöne Bau lange vergessen. Auch von

Der im Krieg schwer beschädigte Bau ist heute in Wohnungen unterteilt. Das markante Eingangsportal blieb erhalten, das im Krieg zerstörte Dach wurde aufgestockt.

dem neuen Waisenhaus an der Uhlenhorster Averhoffstraße ist nicht mehr viel übrig, nachdem die Anlage ebenfalls im Krieg weitgehend zerstört worden war.

Nach dem verheerenden Brand 1842 und dem Beginn der neuen Nutzung durch die Stadt waren Hamburgs Waisenkinder zunächst in einem Gebäude des alten Klosters St. Johannis in Harvestehude untergebracht worden. Lange wurde im Senat darüber gestritten, ob es überhaupt wieder ein Waisenhaus geben sollte, und mehrere Senatoren setzten sich stattdessen für die Unterbringung der Kinder in Familien ein. 1849 entschied sich der Senat dann in Absprache mit dem Waisenhauskollegium für einen Neubau auf der gerade erst halbwegs erschlossenen und nur wenig besiedelten Uhlenhorst. Nachdem das alte Waisenhaus an die Stadt verkauft worden war, wurde ein weitläufiges Grundstück zwischen Averhoffstraße (damals noch Schulweg), Winterhuder Weg und Heinrich-Hertz-Straße (damals Bleicherstraße) erworben. Im Oktober 1856 war die Grundsteinlegung, ein Jahr später folgte das Richtfest. Wiederum ein Jahr später, im Oktober 1858, zogen die Kinder feierlich in die neue Unterkunft am Schulweg um, der dann 1899 nach dem Mäzen Johann-Peter Averhoff (1723-1809) umbenannt wurde. Das hufeisenförmige Hauptgebäude war über eine kleine Allee zu erreichen, während sich in den zweistöckigen Seitenflügeln die Wohn-, Schlaf- und Unterrichtsräume befanden, wobei Jungen und Mädchen streng voneinander getrennt waren. 1892 wurde die Betreuung der Kinder komplett an das Waisenhauskollegium übertragen, 1908 erhielt das Haus einen von dem Architekten Albert Erbe entworfenen Neubau im neogotischen Stil, der nun dichter an der Straße lag. Das Leben vor Ort war hart. Die Kinder wurden als „Zöglinge" angesehen und zu Disziplin und Anspruchslosigkeit erzogen. Dazu gehörten ein einfacher, eintöniger Speiseplan, monotone Arbeiten mit wenigen Impulsen und ein minimales Freizeitprogramm.

Wie Quellen belegen, waren die meisten Kinder gar keine Waisen. In einer für das *Uhlenhorst Buch* ausgewerteten *Festschrift zum 300-jährigen Bestehen des Waisenhauses* wird für das Jahr 1903 aufgelistet: 91 Kinder waren Vollwaisen, aber bei 258 lebte noch ein Elternteil, bei 374 sogar beide Eltern, beziehungsweise „die uneheliche Mutter". Diese Eltern beziehungsweise Elternteile waren für die Kindererziehung zu arm oder krank, viele galten als verschollen, saßen im Gefängnis oder waren, wie die Festschrift vermerkt, aus anderen Gründen „zur Erziehung ungeeignet".

Da viele Kinder aus desolaten Familienverhältnissen stammten, galten sie in den Augen ihrer Erzieherinnen und Erzieher, aber auch bei vielen Außenstehenden, als permanent „gefährdet". Entsprechend wurden sie streng überwacht und mussten beispielsweise bei Verwandtenbesuchen genaueste Angaben über ihren jeweiligen Aufenthalt machen. Um 18 Uhr hatten alle Kinder wieder im Haus zu sein, die Nachtruhe begann bereits eine Stunde später. Eigentum war nicht gestattet, Süßigkeiten und sogar Pfennigbeträge, die den Waisen von Passanten zugesteckt wurden, mussten abgegeben und aufgeteilt werden. Da die Kinder völlig gleichförmig gekleidet waren und oft noch deutlich „geordneter" auftreten mussten als ausgelassene Schulklassen, wurden sie bei ihren wenigen Ausflügen, zum Beispiel zum Zoologischen Garten, immer sofort erkannt, meistens bedauert und oft angestarrt. Das strenge Regiment im Waisenhaus war in Hamburg kein Geheimnis und wurde auch kritisiert.

Die Kinder trugen einfache Anstaltskleidung, und alle absolvierten den gleichen Schulunterricht beziehungsweise die gleiche Lehre im Haus. Mit 14 Jahren kamen sie „in Dienst“. Sollte es unter ihnen besonders begabte gegeben haben, wurde das so gut wie nicht erkannt und schon gar nicht gefördert. Entsprechend gelang auch nur den wenigsten ein bescheidener Aufstieg. Laut Statistik wurden zwischen 1895 und 1904 fast alle Jungen Handwerker, die Mädchen Hausangestellte. Überdurchschnittlich viele verdingten sich später als Knechte, nur einer wurde Drogist und ebenfalls nur einer Unteroffizier.

Nach einigen internen Reformen wurde das strenge Regiment nach 1910 gelockert, bevor dem Haus im Zuge des Ersten Weltkriegs enorme zusätzliche Belastungen auferlegt wurden, die ein pädagogisch anspruchsvolleres gemeinsames Leben und Arbeiten wieder erschwerten. Bei Kriegsende war die Zahl der Waisen von zunächst 620 auf 1.470 gestiegen, und die Oberschulbehörde musste mehrere Schulgebäude für die Betreuung zur Verfügung stellen. Vier provisorisch errichtete Baracken wurden schließlich ganz in den Gebäudekomplex einbezogen. Mitte der 1930er-Jahre wurde das Waisenhaus weitgehend aufgelöst und die Kinderbetreuung in Hamburg umorganisiert.

In der Nacht vom 26. auf den 27. Juli 1943 zerstörten Bomben die meisten Gebäude des alten Waisenhaus-Geländes. Der Hauptbau, umgangssprachlich auch „Aufnahmeheim“ genannt, blieb mit seinem neogotischen Portal stark beschädigt erhalten und war, nun mit flachem Dach, lange ein eher unscheinbarer Behördenbau. Heute befinden sich dort teure Wohnungen. Die Altenwohnanlage, die nach dem Krieg auf dem südlichen Geländeteil neu gebaut worden war, besteht heute aus einer „Pflegen und Wohnen“-Einrichtung und zum Großteil aus Mehrfamilienhäusern mit Luxuswohnungen. Das Kleinkinderhaus ist noch erhalten – inklusive einiger stilisierter Tierfiguren.

Hier befand sich das Waisenhaus:

Es stand Ecke Averhoffstraße / Winterhuder Weg (Westseite).

In der Liste der beliebtesten Hamburger Ausflugslokale stand das Uhlenhorster Fährhaus einst ganz weit oben.

Uhlenhorster Fährhaus

Unvergessene Alster-Perle

Tiefer Frieden erfüllt heute die Ecke Fährhausstraße / Schöne Aussicht auf der Uhlenhorst. Ein paar Autos rollen langsam vorbei, draußen auf der Alster ziehen Ruderer ihre Bahnen. Der Eindruck ist den Hamburgern seit Jahrzehnten vertraut, dabei aber gar nicht stimmig. Den wenigsten dürfte es auffallen: Es gibt zwar eine Fährhausstraße, aber weit und breit kein Fährhaus. Lange war das anders. Das Uhlenhorster Fährhaus galt in der Stadt und bei Touristen als feste Größe – mindestens so bekannt wie Planten un Blomen, der Alsterpavillon oder Hagenbeck.

Nach dem Abbruch der Fährhausruine in der Nachkriegszeit wurde dort ein Park angelegt – als eine weitere von vielen Grünzonen der Gegend.

Es fehlte in keinem Reiseführer, und die Zahl der Besucher wurde in alten Zeitungsberichten stets nach Tausenden bemessen.

Claus-Günter Budelmann, Präsident des renommierten Anglo-German Clubs, deutet von der Terrasse des Clubhauses auf das gegenüberliegende Ufer. „Ich bin vor 30 Jahren mit meiner Familie von Harvestehude in die Auguststraße auf der Uhlenhorst gezogen, nicht weit entfernt von dem ehemaligen Standort des Fährhauses", sagt Budelmann. „Einen Bezug zu jener Seite der Alster hatte ich allerdings schon immer, da man vom Anglo-German Club am Harvestehuder Weg einen traumhaften Ausblick zur anderen Alsterseite hat – genau dorthin, wo einst das Fährhaus stand."

Im Herbst 1865 trafen sich 33 finanzstarke Herren im Haus des Kaufmanns Wilhelm Droege an der Schönen Aussicht. Die Gruppe beschloss, ein an der Alster stehendes altes Gebäude samt Grundstück aufzukaufen und fit für die Zukunft zu machen. Dieses allererste Uhlenhorster Fährhaus war eine kleine, in die Jahre gekommene

Kaschemme, die in einer Quelle als „hässliches Gebäude mit einer äußerst primitiven Wirtschaft“ bezeichnet wurde. Die illustre Runde gründete eine Aktiengesellschaft, zu deren fünf Direktoren man auch Droege wählte.

In den Statuten wurde festgehalten: „Die Actiengesellschaft bezweckt, durch ihren Ankauf des unter dem Namen Fährhaus bekannten Grundstückes auf der Uhlenhorst, solches, solange es dem Interesse der Gesellschaft entsprechend erscheint, als Wirtschaftsetablissement fortbestehen zu lassen.“ Grundstück und Haus wechselten für 150.000 Mark Banco (225.000 Reichsmark) die Besitzer, finanziert wurde der Kauf über Aktien, die vor allem an wohlhabende Kaufleute aus der näheren Umgebung gingen.

Der Fährhaus-Eingang befand sich auf der vom Wasser abgewandten Seite. Dort betreten Besucher heute den kleinen Park.

Die geschickten Gesellschafter schlugen mit dem Deal gleich zwei Fliegen mit einer Klappe: Zum einen schnappten sie das wertvolle Grundstück möglichen anderen Investoren weg und verhinderten so eine unliebsame Bebauung mit Wohnhäusern. Zum anderen konnten sie die künftige Nutzung selbst steuern – gewinnbringend, versteht sich. Dazu muss man wissen, dass die Gegend rund um die Alster zu diesem Zeitpunkt längst ins Visier von Bodenspekulanten gerückt war. Mit dem Ende der Torsperre war der Ansturm auf die einst außerhalb der Stadt liegenden Gegenden losgegangen.

Schon 1837 hatten die Unternehmer Carl Heine (1810-1865), August Abendroth (1796-1867) und Adolph Jencquel (1792-1855) den größten Teil des heutigen Stadtteils Uhlenhorst gekauft und erschließen lassen, auf dem anderen Alsterufer ging John Fontenay (1770-1835) ähnlich energisch an die Erschließung der „Gegend vor dem Dammthor". Binnen weniger Jahre, das war deutlich, würde es in Alsternähe überhaupt keine Freiflächen mehr geben.

1872 wurde das alte Fährhaus abgerissen und durch einen repräsentativen Neubau nach Plänen Martin Hallers (1835-1925) ersetzt. Claus-Günther Budelmann erinnert daran, dass Haller auch Architekt des Anglo-German Clubs war, was die besondere Beziehung zwischen beiden Häusern unterstrichen haben könnte.

Claus-Günther Budelmann, Präsident des Anglo-German Clubs, wohnt nur einen Steinwurf vom einstigen Fährhaus-Standort entfernt.

Nachdem die Gesellschafter das Haus an den Gastronomen Johannes Schwegler verpachtet hatten, begann die große Zeit des Uhlenhorster Fährhauses. Konzerte, Bälle, Feuerwerk – Schwegler machte aus dem Restaurant mit Hotelbetrieb eine Goldgrube. Vor allem im Sommer herrschte auch im Wasser unterhalb der Terrasse Hochbetrieb – Hunderte Boote dümpelten im „Geranienhafen". Max Liebermann (1847-1935) und Pierre Bonnard (1867-1947) malten diese Szenen, andere versuchten, die besondere Atmosphäre zu beschreiben.

„Ein Tummelplatz für abendliche Ruderer, für Farbengedichte der Feuerwerke im Mondschein, ist die Alster vor dem Uhlenhorster Fährhaus", so der Maler Ernst Eitner (1867-1955). *Der Wanderführer* von 1890 hielt fest: „Es bietet sich ein Bild, welches an eigentümlicher Schönheit seinesgleichen in Deutschland nicht findet", und der französische Journalist Jules Huret (1863-

1915) notierte 1906: „In dem besonders beliebten Fährhaus versammeln sich täglich Tausende von Menschen auf einer Terrasse, wo sie an kleinen Tischen Butterbrote verzehren und dem Konzert der Militärkapelle lauschen. Andere anspruchsvollere Menschen soupieren auf blumenumrankten Balkons, von denen man die Terrasse und das Wasser übersieht."

Die Terrasse und der kleine Hafen machten das Fährhaus besonders attraktiv. Vor Ort herrschte ständig Party-Stimmung.

Auch Claus-Günther Budelmann gerät ins Schwärmen: „Aus Erzählungen meiner Eltern erinnere ich eine große Begeisterung an viele rauschende Feste in diesem Tempel der Geselligkeit, des gepflegten Speisens, der Musik und des Tanzes. Legendär waren die Feierlichkeiten mit großem Feuerwerk begleitet von zahlreichen Booten, aus denen dieses eindrucksvolle Spektakel vom Wasser aus bestaunt wurde."

Das Fährhaus war auch Wirkungsstätte des „Walzerkönigs von der Uhlenhorst", Oscar Fetrás (1854-1931). Sein Lied „Mondnacht auf der Alster" hatte 1888 im Fährhaus Premiere und galt nach einigen Jahren als „Hamburgs zweite Nationalhymne".

Von 1914 an wurde die Anlage nach Schweglers Vorstellungen weiter vergrößert, danach blieb das Fährhaus fast 25 Jahre unverändert.

Der „Ort hoher Gastlichkeit" wurde im Sommer 1943 durch Fliegerbomben schwer beschädigt, Teile der Gastronomie und ein Weinverkauf blieben aber auch nach dem Krieg noch geöffnet. Auch die

Aktiengesellschaft gab es noch, und ihre Direktoren bemühten sich um 1950 sogar noch um einen Wiederaufbau des Hauses. Der kam nie zustande, und man kann sich nur dunkel ausmalen, was für ein Verkehrschaos ein Fährhaus in der damals geplanten Größe heute vor Ort wohl verursachen würde.

„Legendär waren die Feierlichkeiten mit großem Feuerwerk begleitet von zahlreichen Booten, aus denen dieses eindrucksvolle Spektakel vom Wasser aus bestaunt wurde."

Schließlich löste sich die Gesellschaft auf, Ende der 1950er-Jahre wurde die letzte „Liquidationsquote" an die verbliebenen Aktionäre ausgezahlt. Die Fährhausruine war schon 1952 abgerissen worden, und seitdem gibt es – mitten im ohnehin schon großen Grüngürtel der Außenalster – einen weiteren Park. Vom Fährhaus blieben nur ein Straßenname, alte Fotos – und jede Menge Berichte über die „feenhaften" Abende am Uhlenhorster Alsterufer.

Hier stand das Uhlenhorster Fährhaus:

Es erhob sich in dem Park neben der Schnittstelle von Fährhausstraße und Schöne Aussicht.

Der im neobarocken Stil erbaute Bierpalast am Dammtor, der auch mal Dammtor-Palast hieß, hatte eine bewegte Vergangenheit.

Bierpalast

Ballhaus, Disco, Kino

Nicht nur die Hamburgerinnen und Hamburger haben ein Faible für alte Gebäude. Dieses Phänomen gibt es landes-, ja, weltweit. Kaum wird der Abbruch eines steinernen Oldies angekündigt, regen sich meist automatisch Proteste und nicht selten wird – mal mehr, mal weniger erfolgreich – engagiert für den Erhalt gekämpft.

Beim Bierpalast vom Dammtor verhielt es sich anders. Obwohl dieser Bau Bombenhagel und viele Umgestaltungen in seiner Umgebung leidlich unverändert überstanden hatte, war er nie wirklich

Nach langem Hin und Her wurde der alte Bau abgerissen und 1996 durch das (damals) supermoderne Cinemaxx-Kino ersetzt.

populär in der Stadt. Er hatte keine Fans und keine Lobby, dafür aber das, was man wohl als Imageproblem bezeichnen kann. Ein Blick in seine Vergangenheit zeigt, dass es mit diesem Gebäude schneller bergab ging als mit anderen, dass seine Namen so rasch wechselten wie das, was man dort geboten bekam. Früh schon war unklar, wofür er überhaupt stand, er galt als „schillernd“ – und das ist oft nicht gut. Dabei war sein Standort eigentlich ideal: Bus-, S- und U-Bahnstation liegen in unmittelbarer Nähe, zur Alster und in die City ist es nur ein Katzensprung.

Doch was war er nun eigentlich genau? Ein Restaurant? Eine Bierschwemme? Ein Nachtclub? Merkwürdigerweise stand er nur mit seiner kurzen Seitenfront an der Straße, und seine Rückseite grenzte direkt an den Bahndamm. Wirkte er nicht wie eine beiseite geschobene große Bahnhofsgaststätte, und hatte seine „wilhelminische“ Fassade mit ihren Erkern und großen Bogenfenstern nicht immer etwas Gekünsteltes, Aufgesetztes?

Begonnen hatte hier alles, als der „Dammtor-Pavillon“ 1889 zwischen den damals noch ebenerdig verlaufenden Bahngleisen und der Esplanade erbaut wurde. Der alte Dammtorbahnhof (seit 1866), nebenan beim heutigen Gustav Mahler-Park, wurde 1903 abgerissen, und auf ihn folgte der deutlich repräsentativere Jugendstil-Hallenbau oben auf dem Bahndamm. Zu diesem Repräsentations-Bahnhof („Kaiser-Bahnhof“) passte der alte Pavillon nicht mehr so richtig, und 1904 fiel er der Spitzhacke zum Opfer. Größer und vorzeigbarer sollte sein Nachfolger werden, wilhelminischer eben.

Ergebnis war 1907 das „Dammtor-Café“ ein neobarocker Putzbau der Architekten Werner Lundt (1859-1938) und Georg Kallmorgen (1862-1924). Den Einkehrenden wurde schon früh Unterhaltendes geboten, und das Haus machte sich als Varieté einen Namen. 1922 brannte das Gebäude aus, später wurde es dann als „Dammtor-Palast“ neu eröffnet – schlossartig nicht nur dem Namen nach. Der Bau bot äußerlich eine Menge Schnickschnack und wirkte für die späten 1920er etwas aufgesetzt altmodisch.

Danach ging es über Jahre vor allem bergab. Der Gastronom Hugo Fleischer bot bis 1937 vor Ort hamburgische Küche – oder das, was Touristen dafür hielten. Es folgte mit dem „Münchener Hofbräuhaus“ eine totale gastronomische Kehrtwende. Das Haus, im Volksmund auch „Bayerische Botschaft“ genannt, hieß nach dem Zweiten Weltkrieg nur noch „Hofbräuhaus“ und kam nicht mehr aus der Abwärtsspirale.

Nach einem erneuten Brand eröffnete 1977 Manfred Woitalla das Ganze nun wieder als „Bierpalast“ – einem etwas ungewöhnlichen Mix aus Disco und Ballhaus. In den 1980er-Jahren geriet der Kasten in die Schlagzeilen, weil ihn der neue Eigentümer zeitweise an eine Sekte verkaufen wollte. Spätere Betreiber nannten das Lokal „Bel Air“, „Castro“ und „Lyzeum“. Im Sommer 1991 gab es noch einen letzten Versuch als Disco, dann folgte eine große Entrümpelungsaktion, die rund 250.000 Mark gekostet haben soll. 1992 gingen vor Ort dann endgültig die Lichter aus.

Schon Ende der 1980er-Jahre hatte der Hamburger „Kinokönig“ Hans-Joachim Flebbe Interesse an dem Standort signalisiert. Doch mit seiner Idee, dort ein modernes „Multiplex-Lichtspielheater“ zu errichten, konnte er sich lange nicht durchsetzen. Das Bezirksamt lehnte die Pläne ab, weil der Bau das Erscheinungsbild der kleinen Grünanlage Gustav-Mahler-Park stören könnte. Erst als der damalige Bürgermeister Henning Voscherau und mehrere Senatoren das Projekt evozierten, also zur Chefsache machten, gab es doch noch eine Genehmigung. Ein Argument Flebbes, das letztlich überzeugte: In Hamburg wurden damals zwar viele Filme produziert und auch präsentiert, aber es fehlte ein angemessener Ort, an dem sich die Stadt bei Premieren, inklusive einiger Weltstars, angemessen in Szene setzen konnte. Die verkehrstechnisch sehr gut erreichbare Fläche zwischen Alster und City wurde dafür als ideal betrachtet. Doch nun folgte ein langes Hin- und Her, bei dem es vor allem um viel Bürokratie ging. Wie Flebbe später vorrechnete, musste er alleine im Zusammenhang mit den Bauvorschriften 135 Genehmigungen von unterschiedlichen Behörden und Ämtern einholen. Dabei bekam er unter anderem die Auflage, für die beim Abriss des Bierpalasts zerstörten Fledermausnester Ersatz zu schaffen. Der Bau des Kinos dauerte dann 13 Monate bis zum Herbst 1996, was angesichts der langen Vorlaufphase geradezu Eiltempo war.

In dem, was die Presse angesichts der (damals) als supermodern empfundenen Anmutung „Hamburgs neues Kino-Raumschiff“ nannte, präsentierten sich acht unterschiedlich große Säle auf zwei Ebenen mit insgesamt 2.728 Plätzen. Der mit Sandstein verkleidete Bau mit der geschwungenen, verglasten Eingangshalle hat von Farbgebung und Ausrichtung her eine entfernte Ähnlichkeit mit dem alten Bierpalast. Zumindest passte sich der Neubau schneller in den Standort ein, als seine Kritiker es vorab befürchtet hatten. Seitdem leuchtet es dort bei Premierenfeiern wie an einem Lichtschloss. Am Dammtor gibt es damit deutlich mehr Glamour, als das alte Bierschloss jemals hatte.

Hier befand sich der Bierpalast:

Er stand am Dammtordamm 1, genau neben dem Bahndamm. Dort ist heute das Cinemaxx Kino.

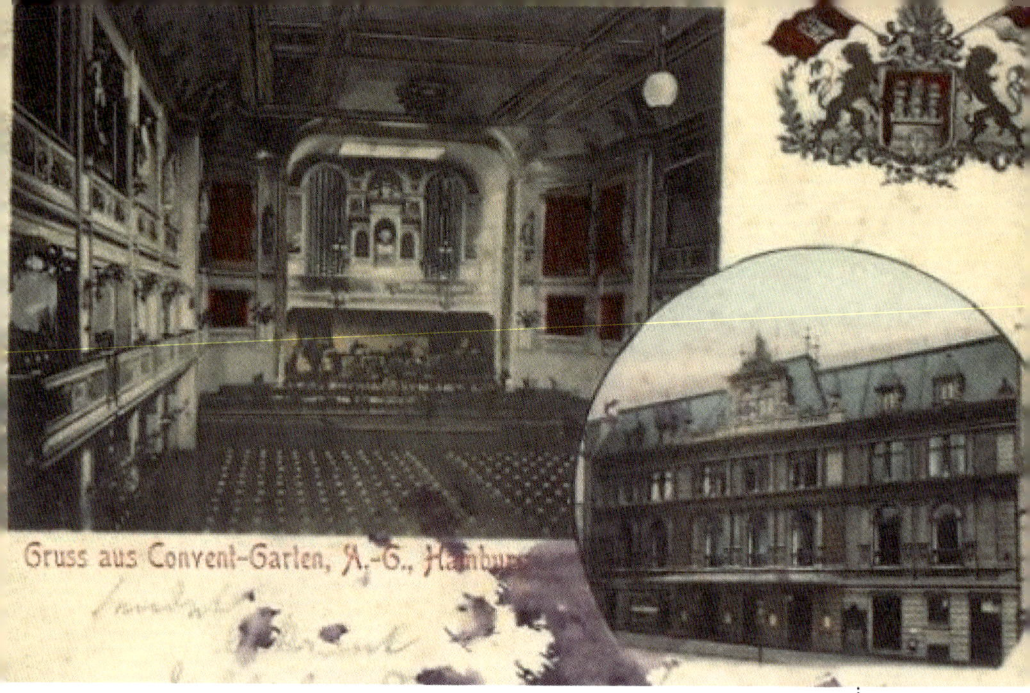

Der Conventgarten an der Kaiser-Wilhelm-Straße war wegen seiner besonders guten Akustik bei namhaften Künstlerinnen und Künstlern beliebt.

Conventgarten

Zerstörter Kulturgenuss

Die Zahl derjenigen, die sich noch an ein Konzert im Conventgarten erinnern können, dürfte höchst überschaubar sein. Der prachtvolle Bau, der dicht vor der Ecke Kaiser-Wilhelm-Straße / Fuhlentwiete stand, wurde im Sommer 1943 bei einem Bombenangriff völlig zerstört und danach nicht wieder aufgebaut. Eine kleine Gedenktafel mit der stilisierten Außenansicht hat bis vor kurzem noch an diesen Ort unzähliger musikalischer Veranstaltungen erinnert – im Zuge der Bauarbeiten für das neue „Springer-Quartier" ist sie auch verschwunden.

Nichts blieb vom Musentempel. Heute dominieren Bürobauten die Straßenfront – unter anderem mit dem Bezirksamt Hamburg Mitte und dem Springer Haus.

Mit der Zerstörung entstand eine kulturelle Lücke, die schmerzlich wahrgenommen wird. Ingeborg Steifensand, Vorstandsmitglied der renommierten Gustav Mahler Vereinigung, die nur wenige 100 Meter vom Standort des alten Conventgartens residiert, ist sicher, dass diese Lücke gefüllt werden könnte. „Ich bin überzeugt, dass es großes Interesse gibt an einem Repertoire, das, vom Zeitgeist befreit, erlebt werden kann", sagt sie, „so wie ein Gemälde, das von Firnis und Übermalungen befreit worden ist."

1853 war „Wörmer's Conventgarten" als Biergarten mit Musikpavillon und Springbrunnen eröffnet worden. „Gegen ein Eintrittsgeld von acht Schilling konnte man dort unter blühenden Bäumen die neuesten Walzermelodien hören und sich der Gasbeleuchtung erfreuen, die erst 1845-46 in Hamburg eingeführt, noch den Zauber ausübte, den heute das electrische Licht verbreitet", heißt es dazu in einer zeitgenössischen Quelle. Und: „Die Gartenbänke verrathen deutlich, dass ihre wunderliche Gothik aus dem Empire-Geschmack hervorgegangen ist." Inhaber Johann Jacob Wörmer, von Haus aus Buchdrucker, ließ kurze Zeit später einen Saal („Conzerthaus") errichten, in dem fortan auch klassische Konzerte veranstaltet werden konnten.

Die große Zeit des Conventgartens begann erst nach einem weiteren Umbau durch den neuen Eigentümer: Heinrich Adloff, ehemaliger Quartiersmeister des Hamburger Bürgermilitärs, ließ den Saal durch den späteren Rathausbaumeister Martin Haller erweitern, der unter anderem eine zweite Galerie und neue Eingänge schuf. Finanziert wurden die Umbauten durch die „Conventgarten Actiengesellschaft", die 1889 ihren Geschäftsbetrieb aufnahm. Der Garten fiel 1891 dem Bau der Kaiser-Wilhelm-Straße zum Opfer, und der Saal erhielt zur Straße hin eine neue Anmutung. Es entstand ein repräsentativer, „wilhelminischer" Eingangsbereich, der über Jahre Hamburg-Bücher und Postkarten zierte.

Ingeborg Steifensand von der Gustav Mahler Vereinigung kann sich vorstellen, wie der Conventgarten genutzt werden könnte.

Der Conventgarten war wegen seiner besonders guten Akustik bekannt, die unter anderem mit der Art der Vertäfelung zusammenhing. Der gute Ruf des Hauses trug dazu bei, dass viele international bekannte Künstler dort gerne auftraten. In seiner Glanzzeit dirigierten im Haus unter anderen Richard Wagner (1813-1883), Hans von Bülow (1830-1894) und Wilhelm Furtwängler (1886-1954), zu den auftretenden Künstlern gehörten Clara Schumann (1819-1896), Enrico Caruso (1873-1921) und Richard Tauber (1891-1948).

Wenig bekannt ist, dass das Konzerthaus zu Beginn der NS-Zeit vielfach vom Jüdischen Kulturbund genutzt wurde. Der Komponist Berthold Goldschmidt (1903-1996) schwärmte später von dem Saal: „Er hatte eine Akustik, wie sie vielleicht nur das Concertgebouw, vielleicht nur der Wiener Musikverein hatte. Ein altes Gebäude, holzgetäfelt und wirklich so wie eine alte Geige." In ihrem Buch *Die Stadt, die sterben sollte* verweisen Uwe Bahnsen und Kerstin von Stürmer darauf, dass der Conventgarten nicht nur Wallfahrtsort für die Freunde klassischer Musik war. Für diverse Tanz- und Schwoffeiern galt er als eine der ersten Adressen in der Stadt – Liedertafeln, Turn- und Heimatvereine, Unternehmen und wohlhabende Privatpersonen feierten hier ausgiebig, Silvesterfeten und Maskenbälle vor Ort gehörten zum Jahresprogramm. Da die Aktiengesellschaft auf Erträge solcher Vermietungen angewiesen war, mischten sich Kommerz und Kultur auf manchmal recht aufdringliche Weise. Nicht selten sollen bei Proben noch Papierschlangen und ähnliche Überbleibsel einer Tanzveranstaltung vom Vorabend von der Decke gehangen haben. Auch Vorträge und politische Zusammenkünfte gab es im Conventgarten.

Kaum noch vorstellbar ist heute, dass vor 1943 gleich mehrere Kulturstätten in weitläufiger Nachbarschaft zueinander lagen und deren Besucher den ganzen Innenstadtbereich vor und nach den Veranstaltungen belebten. Im Bombenhagel wurden dann auch das einen Steinwurf entfernt liegende Geburtshaus von Johannes Brahms und die Oper zerstört. Weitgehend unbeschädigt blieb lediglich die Laeiszhalle. Die Oper wurde wiederaufgebaut, der Conventgarten blieb Vergangenheit. Man kann nur darüber spekulieren, welchen Zweck der Bau, wäre er erhalten geblieben, heute hätte. Möglicherweise wäre er wieder ein Veranstaltungsort – vielleicht auch eine Einkaufspassage.

Ingeborg Steifensand greift die Vision auf: „Dem Gedanken an einen neuen Conventgarten folgt sofort der Gedanke an ein kulturelles Haus mit einem Alleinstellungsmerkmal gegenüber den Hamburger Institutionen wie Elbphilharmonie, Staatsoper, Laeiszhalle, Schauspielhaus, Operettenhaus", sagt sie. „Das Haus müsste mit einer schönen Gastronomie, ähnlich einem Wiener Kaffeehaus, ganztägig geöffnet sein, mit Matinée oder Soirée. "

Makaber: Die Vernichtung des Conventgartens ereignete sich auf den Tag genau am 90. Geburtstag des Hauses: Es war der 24. Juli 1943.

Hier befand sich der Conventgarten:

Er stand an der Kaiser-Wilhelm-Straße zwischen dem denkmalgeschützten Springer-Haus (Ecke Axel-Springer-Platz) und dem Eingang zum Bezirksamt Hamburg Mitte.

Die Frauenklinik Finkenau wurde im Zweiten Weltkrieg beschädigt, überstand den Bombenhagel im Gegensatz zu etlichen Nachbargebäuden aber.

Frauenklinik Finkenau

Ein Campus, wo einst entbunden wurde

Wirklich verschwunden ist die zeitweise populärste Hamburger Frauenklinik nicht ganz, denn ihre Gebäude sind immerhin noch vorhanden. Die werden aber schon lange anderweitig genutzt, und wer heute die Formulierung „Die Finkenau" verwendet, kann damit höchstens noch die gleichnamige Straße meinen.

86 Jahre lang war das anders. „Die Finkenau" galt schon wenige Jahre nach ihrer Eröffnung als Klinik mit gutem Ruf, in der Tausende Hamburgerinnen und Hamburger zur Welt kamen, darunter Altbun-

Im Jahr 2000 wurde die traditionsreiche Klinik aufgelöst, das Grundstück später verkauft. Heute residiert dort der Kunst- und Mediencampus Hamburg.

deskanzler Helmut Schmidt (1918-2015) und der Verfasser dieser Zeilen.

Im 19. Jahrhundert war es noch Gang und Gäbe, dass Kinder zu Hause das Licht der Welt erblickten. Es waren damals vor allem ärmere, alleinstehende Frauen, die in einer Klinik entbunden wurden, wobei die Betten in Hamburgs Krankenhäusern dafür bei Weitem nicht ausreichten. Quellen zeigen, dass als Folge dieses Missverhältnisses die Säuglingssterblichkeit in Deutschland Ende des 19. Jahrhunderts zu den höchsten in Europa gehörte. Dass es so nicht weitergehen konnte, war klar, und 1909 reichten die hamburgischen Frauenvereine bei der Stadt eine Petition ein, in der sie eine größere, moderne Entbindungsanstalt forderten. 1910 beschloss der Senat den Bau einer eigenständigen „Entbindungs- und Hebammenlehranstalt mit Wöchnerinnen- und Säuglingsheim und einer gynäkologischen Abteilung". Dabei war das Image einer solchen Einrichtung im öffentlichen Bewusstsein zunächst keineswegs so positiv besetzt wie später. Nach wie vor brachten diejenigen, die etwas auf sich hielten, ihre Kinder zu Hause zur Welt, während „Entbindungsanstalten“ den einfacheren Frauen, darunter auch „gefallenen Mädchen“ vorbehalten schienen.

Nachdem sich als wahrscheinlicher Standort für den Bau ein Grundstück zwischen der Finkenau und der Uferstraße herausgestellt hatte, also in einer der besseren Hamburger Gegenden, regte sich entsprechend Protest. Die Medizinerin Doris Fischer-Radizi, exzellente Kennerin der Klinik-Geschichte, zitiert in ihrer Forschungsarbeit zum Thema den damaligen Senator Arnold Diestel, der unter anderem ausführte: „Das geht nicht, das schöne Bild, das durch Erbauung der Töchterschule, der Kunstgewerbeschule und der Realschule geschaffen wurde, wird durch eine Entbindungsanstalt gestört“, so Diestel. Weiter stellte er fest: „Der Bau bedeutet eine „Störung und Schädigung dieser Gegend“, und weiter: „[...] die Villen der gegenüberliegenden Eilenau würden durch eine Entbindungsanstalt entwertet.“

Trotzdem wurde der Bau im Jahr 1911 von der Bürgerschaft beschlossen, und Oberbaudirektor Fritz Schumacher (1869-1947) gestaltete ihn auch bewusst repräsentativ. Am 1. Juli 1914 eröffnete die neue Klinik als „Institut für Geburtshilfe“, und am 4. Juli wurde dort das erste Kind geboren. Zahlen belegen, wie nötig die neue Einrichtung war – und wie schnell sie angenommen wurde. Ausgerichtet war sie auf 2.000 Geburten jährlich, und ein Jahr nach der Eröffnung wurden dort bereits 1.600 Kinder geboren. Von 1921 an gab es in der Klinik, die umgangssprachlich bald nur noch „Die Finkenau“ hieß, auch Beratungstermine für Mütter mit sozialen Problemen, außerdem wurden dort Hebammen ausgebildet. Wie Fischer-Radizi nachweist, war dort aber nicht nur alles eitel Sonnenschein. Viele der werdenden Mütter waren so genannte Hausschwangere – ledige Mütter, die in dem Krankenhaus wohnten und sich dort an den Haushaltsarbeiten beteiligen mussten. Außerdem waren sie auch gezwungen, sich den Medizinalassistenten für Untersuchungen zu Ausbildungszwecken quasi als Forschungsobjekte zur Verfügung zu stellen.

Nach dem Ersten Weltkrieg stieg die Geburtenzahl in der Finkenau stark an, im Jahr 1925 lag sie beispielsweise bei 4.000. Ein Jahr später musste die Klinik aufwendig erweitert werden, wobei damals, Zeichen des Wandels vor Ort, auch ein Hörsaal angebaut wurde. Eine kleine gynäkologische Abteilung mit 30 Betten kam hinzu, in der nun auch Operationen möglich waren. Vor diesem Hintergrund wurde 1938 aus dem „Institut“ offiziell die „Frauenklinik Finkenau“. Dank intensiver Bewerbung war es mit der Zeit gelungen, auch Frauen aus gutbürgerlichen Kreisen davon zu überzeugen, dass eine Hausgeburt deutlich mehr Risiken barg als eine Entbindung in der Klinik. Bis zur endgültigen Trendwende sollte es aber noch bis in die 1950er-Jahre dauern. Obwohl die Klinik im Zweiten Weltkrieg schwer beschädigt wurde, konnte ein eingeschränkter Betrieb auch während der Luftangriffe aufrechterhalten werden. Das lag daran, dass 1943 ein Luftschutzbunker mit Operationssälen, Kreißsaal und 40 Betten angebaut worden war. Nach dem Zweiten Weltkrieg stieg die Zahl der Geburten in der Finkenau wieder stark an: Der Höchststand waren mehr als 5.000 Geburten anno 1963.

Im Jahr 2000 kam im Zuge von Umstrukturierungs- und Sparmaßnahmen das Aus. Die Schließung erfolgte zum 1. Oktober – früher als ursprünglich geplant. Die Betriebsteile der Finkenau wurden ins Allgemeine Krankenhaus Barmbek verlegt, das Gebäude im Jahr 2003 vom damaligen Landesbetrieb Krankenhäuser an die Stadt verkauft. Nach dem Umbau der denkmalgeschützten Schumacher-Bauten zogen neue Nutzer ein: Seitdem bildet das Haus den zentralen Teil des Kunst- und Mediencampus Hamburg.

Mehr als 250.000 Kinder haben in der Finkenau das Licht der Welt erblickt, aber nichts scheint mehr an diese Zeit zu erinnern. Doch wer das alte Gebäude und das angrenzende Gelände heute aufmerksam betrachtet, kann als letzte Reminiszenzen an die lange Klinikgeschichte einige Kunstwerke entdecken: Am Eingang steht die Brunnenfigur „Mutter und Kind“, im Innenhof befinden sich die Skulpturen „Mutter mit zwei Kindern“ und die Frauenskulptur „Ceres“.

Hier stand die Frauenklinik Finkenau:

Der große Gebäudekomplex ist noch erhalten. Er erstreckt sich von der Ecke Uferstraße / Finkenau bis fast zum Dorothea-Bernstein-Weg.

Eines der vielen schönen Gebäude, die im Zweiten Weltkrieg zerstört wurden: Mehr als 220 Jahre hatte das Alte Rathaus die Altonaer bezaubert.

Altonas Altes Rathaus

Das Barockschlösschen im kühlen Norden

Am Anfang stand ein Inferno: Anfang 1713 wurde Altona von den Schweden niedergebrannt. Die Bilanz des Schreckens: 960 Häuser und mehr als 270 so genannte Buden mit insgesamt rund 1.560 Wohnungen waren vernichtet – zwei Drittel Altonas. Der energische Oberpräsident Christian Detlev von Reventlow (1671-1738) gewährte allen Bauwilligen enorme Steuervorteile – ein geschickter Schachzug, der dafür sorgte, dass es vor Ort nicht lange ruhig blieb. Schöner und großzügiger sollte Altona, immerhin die zweitgrößte Stadt des dänischen Staates, wieder aufge-

Wo einst das Rathaus stand, befindet sich heute eine Tankstelle. Auch seine gewachsene Umgebung im Herzen des alten Altona wurde im Krieg völlig zerstört.

baut werden, alles in allem eben repräsentativer. Eine entsprechende Anweisung erging auch an den 1714 berufenen Stadtbaumeister Claus Stallknecht (1681-1734), dem vor allem die Ausgestaltung der öffentlichen Gebäude oblag.

Das war leichter gesagt als getan. Zwar ermöglichte eine Kollekte in sämtlichen dänischen Kirchen die Anschubfinanzierung, aber letztlich sollte sich das Budget als ebenso knapp wie der veranschlagte Zeitrahmen erweisen. Vor allem fehlte Stallknecht zunächst die zündende Idee für ein neues Rathaus. Ein schöner Repräsentationsbau schwebte ihm vor, aber einer, der die eher verwinkelten Straßenzüge, die aus Kostengründen ihre ursprüngliche Struktur weitgehend beibehalten mussten, nicht zu stark dominierte.

In Altonas Stadtgeschichte findet sich immer mal wieder eine Anekdote, wonach das Etikett einer Rotweinflasche Stallknecht für den Bau inspiriert habe. Demnach hatte er sich angesichts der hohen Erwartungen, die an seine Arbeit gestellt wurden, frustriert in eine

Kneipe zurückgezogen und einen französischen Wein konsumiert. Beim Blick auf das abgebildete Chateau sei ihm plötzlich die Eingebung gekommen, wie der neue Bau aussehen müsse. Der Altonaer Baupfleger, Chronist und Architektur-Experte Werner Jakstein (1876-1961) schreibt, dass die Anekdote auf „etwas schwachen Beinen" stehe. Allerdings gebe es in der französischen Gironde-Gegend zahlreiche Schlösser, die äußerlich mit dem Rathaus fast identisch seien. Außerdem wird angenommen, dass Stallknecht, über dessen Leben nur wenig bekannt ist, in Hannover studierte und von einem französischen Lehrer unterrichtet wurde.

Wie auch immer: 1716 begannen die Bauarbeiten auf dem erweiterten Marktplatz. Stallknecht lieferte den Entwurf und wurde gleichzeitig zum Unternehmer: Er übernahm die Bauausführung für 8.000 Reichstaler einschließlich der Lieferung von 150 Eichen aus dem Stadtwald. Der Baukontrakt von 1716 schrieb die genaue Einteilung der Räume, die Materialien und die künstlerische Ausgestaltung („inwendig Zinnober-Roth, güldene Leisten") vor. Im Keller lag das Lokal „Ratsweinkeller", oben die Amtsräume, Gerichts- und Konferenzzimmer. Das Dach – angeblich das erste Mansarddach Nordeuropas – wurde mit schwarzglasierten Pfannen gedeckt, das Türmchen mit Blei. Wegen permanenten Geldmangels kamen die Arbeiten nur langsam voran, die Bauabnahme erfolgte erst 1721. In amtlichen Schreiben beklagte Stallknecht, dass der Bau letztlich viel teurer geworden war, auch habe er eigenes Kapital zuschießen müssen.

Die Altonaer sollen das Rathaus, das im rauen Norden als schöner Fremdkörper wahrgenommen wurde, rasch ins Herz geschlossen haben – so blieb es mehr als 220 Jahre. Am Ende stand wieder ein Inferno.

Der Verlust des traditionsreichen Altonaer Wahrzeichens war schon für sich genommen tragisch – aber es kam noch schlimmer: Auch das dort untergebrachte Altonaer Stadtarchiv und die Theatersammlung der Stadt Hamburg wurden vernichtet. Zwar hatte man besonders wertvolle Archivalien rechtzeitig ausgelagert, aber etliche Schätze gingen unrettbar verloren. Wie der Archivar und Schriftsteller Paul Theodor Hoffmann (1891-1952) später schrieb, war die Handschriftenabteilung der niederdeutschen Dichter mit Briefen von Friedrich Gottlieb Klopstock (1724-1803), Matthias Claudius (1740-1815), Detlev von Liliencron (1844-1909) und anderen in einem riesigen, angeblich feuersicheren Panzerschrank deponiert worden. Als der Schrank Wochen später geborgen wurde, fand man darin nur noch Asche.

In dem von Renate Hauschild-Thiessen (1929-2020) herausgegebenen Buch *Die Hamburger Katastrophe vom Sommer 1943 in Augenzeugenberichten* heißt es in einem Text von Vilma Mönckeberg-Kollmar: „Wir suchten das hübsche Altonaer alte Rathaus (...) – wir fanden nur noch am Kellereingang ein Schild ‚Ratsweinkeller' und ein paar Stufen vom Aufgang und ringsum einen wüsten Trümmerplatz, durch den man weit in die gleichen Verwüstungen sehen konnte: Altona gab es nicht mehr."

Auch weitere schöne Altonaer Bauten, für die Stallknecht verantwortlich gezeichnet hatte, radierte der Krieg aus, darunter die Mennonitenkirche, die Heiliggeistkirche des Reventlowstifts und die berühmte Lateinschule, aus der 1738 das Akademische Gymnasium Christianeum hervorging. Wer sich heute architektonische Spuren des bedeutenden Altonaer Stadtbaumeisters ansehen möchte, findet sie nur noch auswärts. In der dänischen Stadt Viborg steht eine verkleinerte Kopie des Altonaer Rathauses, die 1728 entstand. Nun noch zu den Hintergründen einer in Hamburg immer wieder vorkommenden „Rathaus-Verwechslung": Mit der Eröffnung des Neuen Rathauses am 12. Mai 1898 wurde der von Claus Stallknecht errichtete Bau, der für die ständig wachsenden Verwaltungsarbeiten zu klein geworden war, offiziell zum „Alten" Rathaus.

An Stallknechts Bau erinnert ein an einem Mehrfamilienhaus angebrachtes Relief ganz in der Nähe des alten Standorts.

Hier stand Altonas Altes Rathaus:

Es erhob sich an der Königstraße Ecke Dosestraße (Westseite). Dort steht heute eine Tankstelle.

Das Werk- und Zuchthaus war längst nicht so freundlich, wie es diese Lithografie vermittelt. Im Gegenteil: Schon Zeitgenossen kritisierten das harte und brutale Regiment, das dort herrschte. Genützt hat der Protest nichts.

Werk- und Zuchthaus

Ein Kabinett des Schreckens

Ungefähr dort, wo sich heute die Europapassage über den Ballindamm erhebt, stand bis 1842 ein Ort des Schreckens: Hamburgs Werk- und Zuchthaus. Nur wenige andere Gebäude dürften in der Stadt mit so vielen Schauergeschichten behaftet gewesen sein wie dieser düstere Klotz, der auf den zeitgenössischen Zeichnungen viel zu freundlich aussieht. Und das Schlimmste: Die Überlieferungen sind allesamt wahr.

Rat und Bürgerschaft hatten das Projekt schon im frühen 17. Jahrhundert beschlossen, doch der Beginn des Baus verzögerte sich aus

Der genaue Standort des Schreckenskabinetts ist nicht bekannt, vermutlich stand es am Ende des Gerhart-Hauptmann-Platzes zwischen dem Thalia Theater (hinten) und der Europapassage.

Kostengründen immer wieder. In der Zeit um 1618 wurde er fertiggestellt, die ersten Insassen sind für den Beginn der 1620er-Jahre nachweisbar.

Durch das Werk- und Zuchthaus sollten „die Armen unterhalten /die Bettlers abgeschaffet“ werden, hieß es beschönigend zur Legitimierung der Einrichtung. Mit „unterhalten“ ist allerdings keineswegs amüsieren nach unserem heutigen Verständnis gemeint – ganz im Gegenteil. Faktisch ging es darum, die zumeist aus tiefer Not resultierende Bettelei in Hamburg einzudämmen und nach Möglichkeit ganz zu eliminieren. Denn die Obrigkeit sah in vielen Menschen, die als Erwerbslose beziehungsweise Vagabunden lebten, nichts anderes als Taugenichtse, die nur zu faul seien, geregelter Arbeit nachzugehen.

Der Historiker Dirk Brietzke zeigt die ungefähre Stelle, an der das Werk- und Zuchthaus gestanden hat. Nicht weit von der Alster entfernt, war der Ort gleichwohl alles andere als idyllisch. Brietzke, wissenschaftlicher Mitarbeiter der Arbeitsstelle für Hamburgische

Geschichte am Historischen Seminar der Hamburger Universität, hat vor einigen Jahren ein Buch zum Thema veröffentlicht: *Arbeitsdisziplin und Armut in der frühen Neuzeit*. Er erläutert: „Die Gründer des Werk- und Zuchthauses verfolgten die Absicht, Menschen umzuerziehen, deren Verhalten nicht den vorherrschenden Normen entsprach. Abweichendes Verhalten, wie zum Beispiel Bettelei, Verschwendung oder außereheliche Sexualität, wurde mit drakonischen Mitteln bestraft."

Nun sollten sie, eingebunden in ein System aus Disziplinierung und Bestrafung, ihren Lebensunterhalt also selbst verdienen – und zwar bei härtester Arbeit. Und dazu war so ziemlich jedes Mittel recht. Ergänzt wurde ihre Gruppe durch eine weitere: Menschen, die von ihren Verwandten wegen angeblicher Liederlichkeit denunziert worden waren und nun ebenfalls eingewiesen wurden. „Hurerey" war ein häufiges Vergehen, das eine Frau hinter Gitter brachte. Einige Fakten zu diesem Kabinett des Schreckens liegen bis heute im Dunkeln. Sicher ist: Im Jahr 1726 waren dort 2.500 Menschen untergebracht – immerhin fast drei Prozent der Hamburger Bevölkerung. In Bremen und Lübeck verfuhr man in den entsprechenden Einrichtungen übrigens ganz ähnlich.

Der Historiker Dirk Brietzke weiß alles über das Werk- und Zuchthaus.

Wie Brietzke anhand von Quellen nachweisen konnte, war der Alltag hinter den hohen Mauern nicht nur für heutige Gemüter erschütternd. Kurz nach der Eröffnung der Einrichtung gehörten Willkür und Terror gegen die Insassen zur Tagesordnung, die angebliche Disziplinierung bestand vor allem aus Prügel und Folter. „Bald hatte man auch Kinder und Jugendliche inhaftiert, offenbar vor allem deshalb, um sie besser als Arbeitssklaven einsetzen zu können“, sagt Brietzke. Zu den „Verbrechen“ von inhaftierten Jungen gehörten Lappalien wie zum Beispiel „Plaudern und Toben während des Gottesdienstes“, „Klatschen der Peitschen“ oder „Werfen der Steine und anderen Unraths“.

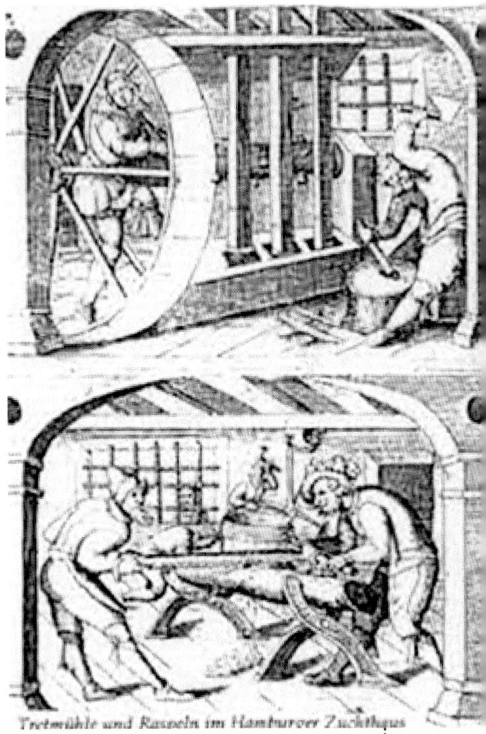

Tretmühle und Farbholzraspeln im Werk- und Zuchthaus in Hamburg, 1710.

Genau wie Erwachsene hatten sie in dem Gebäude härteste Zwangsarbeit zu verrichten – zum Beispiel mussten sie Hanf zerstampfen. Die Insassen quälten sich dabei durch ein Laufrad, um eine Walze anzutreiben. Ebenso verhasst waren das Färbeholz-Raspeln und das Herstellen von Haardecken. Dabei mussten Häftlinge aus Kuhfellen Matten fertigen – was extrem gesundheitsschädlich war. Ein Zeitzeuge notierte laut Dirk Brietzke: „Alle, die dabei arbeiten, werden durch die schädliche Wirkung des Kalkes und feinen Haarstaubes engbrüstig, bekommen einen siechen Körper und müssen vor der Zeit aus der Welt.“

Wecken war um fünf Uhr morgens, damit sich die Insassen nach dem Frühgebet sofort an die Arbeit begeben konnten. Nur von den Mahlzeiten unterbrochen, dauerte die Arbeitszeit den ganzen Tag bis zum Abendgebet um 20 Uhr. Der Zweck dieser „Arbeitsdisziplinierung“ wird in einem zeitgenössischen (und übersetzten) Text so beschrieben: „Die kontinuierliche, regelmäßig wiederkehrende Verrichtung schwerer und anstrengender Arbeiten bricht die ‚verkehrte Gewohnheit der Seele‘, die Zeit mit Müßiggang zuzubringen, indem sie durch körperliche Belastung auch den Willen schwächt, seine Eigenmächtigkeit beugt und endlich an deren Stelle geduldiges Ausharren und Willfährigkeit setzt." Und das System funktionierte.

Wer nicht spurte oder einen Ausbruch versuchte, wurde verprügelt oder gequält. Beliebt bei den Aufsehern war es, einen Insassen mit schweren Gewichten an den Füßen auf das scharfkantige „hölzerne Pferd" zu setzen, um den Hof zu ziehen und dabei auszupeitschen. Dirk Brietzke berichtet von einem käfigartigen „Hungerkorb". Darin wurden Delinquenten eingesperrt und an die Decke des Ess-Saals gezogen. Tagelang mussten sie anderen Häftlingen beim Essen zusehen.

Auf dem Stich (um 1860) ist, an der Decke hängend, ein Hungerkorb zu sehen.

Die seelische Verfassung der Insassen war katastrophal, ihr Dasein ohne Perspektive. Denn wer die Strafe antrat, bekam kein Entlassungsdatum mit auf den Weg. Das Ende der Schikanen wurde bewusst offengelassen. Wer einmal in diese Mühle geraten war, verließ das Haus als Toter oder als gebrochener Mensch.

Dirk Brietzke weist den Fall von Glasschneider Johann Schmidt nach, der mehrmals seine Unschuld beteuert hatte und immer wieder forderte, aus dem Werk- und Zuchthaus entlassen zu werden, da er ein ehrlicher Mann sei. Ergebnis: Schmidt wurde tagelang mit Essensentzug und Einzelhaft bestraft, schließlich auch gefoltert. Als er sich nicht brechen ließ und weiterhin auf seiner Unschuld beharrte, ließ ihn die Anstaltsleitung in den Pesthof abschieben – ein vormodernes, düsteres Verwahr-Krankenhaus auf dem Hamburger

Berg, wo er im „Tollhaus“ als angeblich Geisteskranker sein Dasein weiter fristete.

Vom Ende des 18. Jahrhunderts an nutzte die Stadt die Einrichtung zusätzlich für den Strafvollzug. Kriminelle und sozial Randständige wurden damit auch offiziell auf eine Stufe gestellt – wobei die Unterschiede bei der Behandlung beziehungsweise Misshandlung fließend waren. Interessanterweise wurde die Trennung von Zuchthaus (Gefängnis) und Werk- und Armenhaus erstmals im Zuge einer Gefängnisreform zur Zeit der französischen Besetzung Hamburgs 1811 vollzogen. Beide Einrichtungen blieben aber im selben Gebäude. „Entscheidend für die Bewertung des Verhaltens waren bürgerliche Wertvorstellungen, die allerdings im 17. und 18. Jahrhundert von vielen Menschen nicht geteilt wurden“, so Dirk Brietzke. „Deshalb galt das Werk- und Zuchthaus auch schon bei Zeitgenossen als eine höchst umstrittene Einrichtung.“

„Deshalb galt das Werk- und Zuchthaus auch schon bei Zeitgenossen als eine höchst umstrittene Einrichtung.“

Nachdem es beim Hamburger Brand 1842 in Flammen aufgegangen war, wurde sein Wiederaufbau dann auch auffälligerweise nie erwogen. Erhalten blieb nur der Schriftzug, der jahrelang das Eingangsportal „geschmückt“ hatte. Die Inschrift lautete: *Labore nutrior, labore plector – Durch Arbeit werde ich ernährt, durch Arbeit werde ich gezüchtigt.* Er liegt heute im Museum für Hamburgische Geschichte (Hamburgmuseum). Das Werk- und Zuchthaus – ein verschwundener Ort, um den es nicht schade ist.

Hier befand sich das Werk- und Zuchthaus:

Es stand östlich der Binnenalster, ungefähr zwischen dem Thalia Theater und der Europapassage.

Das 1979 abgebrochene Winterhuder Fährhaus ist bei vielen Hamburgerinnen und Hamburgern (noch) unvergessen. Sein Garten reichte bis an die Alster, der Tanzsaal bot Platz für rund 1.000 Gäste.

Winterhuder Fährhaus

Und plötzlich brach ein Feuer aus

In den vergangenen Jahrzehnten waren nur wenige historische Gebäude in Hamburg so heftig umkämpft wie das Winterhuder Fährhaus. Um das traditionsreiche Ausflugslokal zu retten, das seit Mitte der 70er-Jahre vor sich hin gekriselt hatte, gab es Unterschriftensammlungen, Leserbefragungen und Benefiz-Veranstaltungen, und es tagten Förderkreise, Bürgerinitiativen und ein Künstlergremium. Fast schien das Überleben des 111 Jahre alten Hauses gesichert, als es im August 1979 dann doch platt gemacht wurde – handstreichartig, wie viele meinten.

Die im Stil der frühen 1980er-Jahre erbaute Komödie Winterhuder Fährhaus ist ein beliebter Treffpunkt – und knüpft damit in gewisser Weise an die lange, gastfreundliche Tradition des Ortes an.

Das von dem Kohlenhändler Christoph Jacob 1868 als „Etablissement Jacob" gegründete Lokal war bereits 1914 von der Stadt gekauft und danach regelmäßig verpachtet worden. Zunächst erwies sich das Fährhaus als Goldgrube: Jeden Sonntag war „großer Ball", und der Treffpunkt mit Kaffeegarten und Kegelbahn erfreute sich großer Beliebtheit. Allein der auf 580 Pfählen ruhende Tanzsaal bot Platz für 1.000 Leute, im Garten an der Alsterseite konnten sogar mehrere Tausend Menschen sitzen.

Nach Kriegsende übernahm die Familie Behncke für 30 Jahre die Pacht. Doch die große Zeit der prachtvollen Bälle war vorbei, das Fährhaus wurde zunehmend unrentabel. Als Uwe Behncke den Pachtvertrag 1976 auslaufen ließ und sofort erste Abriss-Gerüchte durch Hamburg schwirrten, wurde die Öffentlichkeit mit Versprechungen ruhiggestellt. Mal hieß es, das Haus sei gerettet, dann sollte „ganz sicher" zumindest die als denkmalwürdig eingestufte Fassade erhalten werden. Der damalige Kultursenator Wolfgang Tarnowski (1931-

2018) gab sich öffentlich zuversichtlich: „Das Fährhaus wird als Kulturdenkmal erhalten."

Merkwürdig: Im Winter 1977 legten Brandstifter an neun Stellen Feuer. Die wurden zwar gelöscht, aber der Schaden von zwei Millionen Mark konnte nur mehr schlecht als recht behoben werden. An eine weitere Merkwürdigkeit im Zusammenhang mit der Suche nach einem neuen Pächter erinnert sich Stadtteil-Chronist Werner Skrentny im *Eppendorf Buch*: „Es gab damals viele finanzstarke Interessenten, die das Fährhaus gerne erhalten wollten. Aber die Stadt-Tochter Sprinkenhof AG suchte sich mit Gerd Fölster und Arthur Hofmeier, die das Haus dann für fünf Jahre mieteten, gezielt gerade diejenigen aus, die besonders knapp bei Kasse waren." Die Folge: Fast drei Jahre lang wurde kaum etwas am Fährhaus ausgebessert, in die Renovierung steckten die beiden gerade mal 260.000 Mark. Schließlich flog Fölster, inzwischen alleiniger Pächter, vorzeitig aus dem Vertrag.

Dann ging alles ganz schnell. Im März 1979 wurde das Fährhaus durch das Bezirksamt Nord wegen Einsturzgefahr geschlossen – inzwischen war es wohl wirklich zu einer Bruchbude verkommen. Das Dach soll morsch gewesen sein, die Pfähle, auf denen das gründerzeitliche Gebäude stand, waren angeblich völlig durchgefault. Auch wurde vom Bezirks-amt verbreitet, die Renovierung würde acht Millionen Mark kosten, was vielen Fährhaus-Fans den Wind aus den Segeln nahm. Schließlich nützten sogar 15.000 zur Rettung gesammelte Unterschriften nichts mehr.

Der Abbruchbagger kam am 6. August in den frühen Morgenstunden und war nicht angekündigt worden – man wollte offenbar auf Nummer sicher gehen. Schon vorher hatte der damalige Bezirksamtsleiter Werner Weidemann („An einen Abriss ist nicht gedacht") von der Bürgerinitiative „Rettet das Winterhuder Fährhaus" ein sinniges Geschenk erhalten: den „Goldenen Presslufthammer".

Das Ende der Geschichte vom Kampf ums Winterhuder Fährhaus passt lückenlos in die Kette der bisher beschriebenen Merkwürdigkeiten. Die Empörung über den Abbruch hatte sich nur langsam gelegt, aber immerhin war den Hamburgern ja ein schönes neues Fährhaus für Jung und Alt versprochen – ein Freizeittreff, von dem alle was hätten. Für den anschließenden Architektenwettbewerb gab es dann auch ganz konkrete Auflagen. Der Neubau sollte, so der genaue Wortlaut, „in erster Linie ein kommerzielles Freizeitzentrum werden, mit Einrichtungen wie Kinos und Restaurants, einem Hallenschwimmbad und einem Cafégarten an der Alster". Mit dem Bau sollte versucht werden, „an die soziale Bedeutung des früheren Winterhuder Fährhauses anzuknüpfen". Werner Skrentny: „Das klang alles so toll, da stellte natürlich niemand kritische Fragen." Die hätten zumindest gestellt werden können, als 1982 das Sieger-Projekt vorgestellt wurde – ein Gebäude mit Büros, Wohnungen, Tiefgarage und der Komödie Winterhuder Fährhaus.

„Das klang alles so toll, da stellte natürlich niemand kritische Fragen."

Es ließ sich damals kein Betreiber für einen Freizeittreff finden, hieß es später im Bezirksamt auf Anfrage. Warum nicht – das verrät eine Mitteilung der Staatlichen Pressestelle von 1982, in der es lapidar heißt, die hohe Qualität des Neubaus müsse dadurch erkauft werden, „dass ein wesentlicher Teil des Programms (Kinos und Kegelbahnanlage) ins wirtschaftlich kaum vertretbare Untergeschoss verlegt wird". Diese Spuren eines Freizeittreffs sucht man hier heute zwar vergeblich, aber immerhin hat sich die Komödie Winterhuder Fährhaus am Platz nicht nur längst etabliert, sondern sie erweist sich, was die Anziehungskraft betrifft, auch als ein guter Nachfolger des alten Hauses.

Hier stand das Winterhuder Fährhaus:

Auf der gegenüberliegenden Straßenseite der Einmündung des Leinpfads in die Hudtwalckerstraße. An seinem Platz steht jetzt die Komödie Winterhuder Fährhaus. Der Garten des alten Fährhauses reichte einst bis an die Alster.

Das dem Bauhaus-Stil angenäherte Schulgebäude an der heutigen Behringstraße – hier unmittelbar vor dem Abriss – wurde im Jahr 1936 bezogen. Es war schon das dritte Gebäude (am zweiten Standort) des Christianeums.

Christianeum

Hohe Bildung an drei Standorten

Wenn man sich mit dem Christianeum beschäftigt, geht es dabei genau genommen – und tragischerweise – gleich um zwei Gebäude: Der 1744 in Altona eingeweihte und 1880 umgestaltete Bau wurde im Zweiten Weltkrieg zerstört, ein Schicksal, das seinem Anfang der 1930er-Jahre in Bahrenfeld errichteten Nachfolge-Neubau, um den es hier vorrangig gehen soll, erspart blieb. Doch dann verschwand er trotzdem, und das heutige Christianeum in Othmarschen ist, verglichen mit der langen, traditionsreichen Geschichte dieser Schule noch ziemlich jung.

Der Ausbau der A7 mit dem Bau des Elbtunnels brachte das Aus für das Christianeum an diesem Standort und den Umzug nach Othmarschen. Heute rollt auf Höhe Behringstraße ununterbrochen der Verkehr.

Der Reihe nach. Mit Spenden, vor allem aus Dänemark, begann die Stadt Altona 1721 unter der Führung ihres Oberpräsidenten Christian Detlev von Reventlow (1671-1738) mit dem Bau eines Schulgebäudes an der Hohen Schulstraße oberhalb des Altonaer Fischmarkts. Diese nach König Frederik IV. (1671-1730) benannte Friedrichschule, deren Vorläuferin eine Lateinschule (1683-1690) war, nahm 1725 ihren Betrieb auf. 1738 wurde die Friedrichschule durch König Christian VI. (1699-1746) in seiner Rolle als Herzog von Holstein zu einem „Gymnasium Academicum" ausgebaut und aufgewertet. Es rückte damit in den Rang einer fürstlichen Landesschule im damaligen deutschen Staatenverbund auf, und so trugen sich am 19. September 1738 die ersten acht Gymnasiasten in die Matrikel ein. Dieser Tag gilt seitdem als Gründungstag des Gymnasiums. Am 11. Mai 1744 erhielt die Schule durch einen so genannten Fundationsbrief König Christians VI. den Namen „Christianeum", die Einweihung folgte dann am 16. Mai in Gegenwart des Markgrafen von Brandenburg-Kulmbach, des königlichen Statthalters in den Herzogtümern. Der alte Bau an der Altonaer Schulstraße war mit der Zeit zu klein geworden und wurde von 1879 bis 1880 um einen etwas klobigen „wilhelminischen" Neubau erweitert. Als die Anlage wegen steigender Schülerzahlen ebenfalls aus allen Nähten platzte und am Standort zusätzliche Erweiterungen nicht mehr möglich waren, ging man auf die Suche nach einem neuen Gebäude.

Schließlich wurden der Schule Räume an der damaligen Roonstraße zugewiesen, die seit 1950 Behringstraße heißt. Das neue, dem Bauhaus-Stil angenäherte Schulgebäude war ursprünglich für eine Akademie für Lehrerbildung vorgesehen und 1930/31 fast fertiggestellt. Doch infolge der Weltwirtschaftskrise wurde die Akademie nicht realisiert, der Rohbau geschlossen. Erst von 1934 bis 36 folgte die gezielt für das Christianeum geplante Fertigstellung nach Plänen von Erwin Genzmer. Die Einweihung wurde anlässlich des abgeschlossenen Umzugs im Frühjahr 1936 gefeiert, der alte Teil des Altonaer Schulhauses wurde zum überwiegenden Teil abgerissen beziehungsweise völlig umgestaltet.

Ende Juli 1943 zerstörte ein schwerer Bombenangriff das ehemalige Schulgebäude, also den Erweiterungsbau von einst samt zwei Seitenflügeln. Der Neubau war dagegen nur leicht beschädigt worden, allerdings nutzten ihn die britischen Besatzer nach dem Krieg noch eine Weile für ihre Zwecke. Von 1955 bis 1962 ließ die Stadt das Schulgebäude an der Behringstraße aufwendig sanieren, doch schon kurze Zeit später war klar, dass seine Tage gezählt sein würden. Im Mai 1964 hieß es im Rahmen der 1960 beschlossenen Westtangente- (A7) beziehungsweise Elbtunnel-Planung in einem Behördenschreiben: „Es wird festgestellt, dass der Abriss des Christianeums-Gebäudes als unumgänglich feststeht." Die Bürgerschaft erteilte dem Senat den Auftrag, „rechtzeitig mit Planung und Durchführung eines der Tradition des Christianeums entsprechenden Neubaus zu beginnen". Im Oktober 1964 wurde ein internationaler Architekten-Wettbewerb ausgeschrieben, aufgrund der besonderen Schulgeschichte übrigens unter gezielter dänischer Beteiligung. Im Sommer 1965 erhielt der Entwurf des dänischen Architekten Arne Jacobsen (1902-1971) und seines 1930 geborenen Mitarbeiters Otto Weitling den ersten Preis. Im Mai 1968 folgte der erste Spatenstich für den Neubau an der Otto-Ernst-Straße nach dem aus finanziellen Gründen etwas reduzierten Entwurf Arne Jacobsens, die Grundsteinlegung schloss sich im September an. Parallel wurde Ende 1967 das erste Teilstück der A7 vom Autobahndreieck Nordwest bis zur Ausfahrt Schnelsen-Nord eröffnet, die Bauarbeiten für den neuen Elbtunnel begannen im Juni 1968. Die Autobahn bewegte sich auf diese Weise quasi aus zwei Richtungen auf das Schulgebäude zu.

Nachdem im April der aufwendige Umzug der Schule in das zu etwa zwei Dritteln fertiggestellte neue Gebäude vollzogen war, wurde der alte Bau an der Behringstraße abgerissen. Dabei verlor auch der Stadtteil Bahrenfeld seinen Marktplatz, also das eigentliche Zentrum.

Im Zuge des Abbruchs des ersten Schulgebäudes war das alte Eingangstor an einer Seitenwand des neuen Hauptgebäudes in Bahrenfeld angebracht worden. Dieses Tor wurde einmal mehr gerettet und nun neben dem Haupteingang des dritten (und hoffentlich letzten) Christianeum-Baus aufgestellt. Das Barockportal befindet sich auf einem kleinen Vorplatz unterhalb der Otto-Ernst-Straße. In den oberen Bogen ist die Jahreszahl *1721* eingemeißelt, darunter in goldenen Buchstaben die Botschaft *in fine laus* – am Ende die Anerkennung. Durch dieses Portal strömten einst die Schüler der ersten Altonaer Lateinschule. Auf faszinierende Weise symbolisiert es bis heute die wechselvolle Geschichte und die lange Tradition dieses altsprachlichen Gymnasiums.

Hier befand sich das Christianeum:

Es stand unmittelbar nördlich der Überführung Behringstraße oberhalb der A7.

Diese Luftaufnahme zeigt die enorme Ausdehnung des Freibads Lattenkamp. Unten, an der Kreuzung Bebelallee / Meenkwiese, war der Haupteingang. Der von hier aus linke Teil des Geländes wurde zum Spielplatz umgebaut.

Freibad Lattenkamp

Ein verkaufter Badespaß

Wenn es um Sommertage in Freibädern geht, teilen viele Menschen – bei aller Individualität – ganz bestimmte Erinnerungen. Egal, ob es der Geruch von Sonnenöl, der von einem Hauch Chlor umwehte Geschmack von Pommes oder das Geräusch der beim Absprung klappernden und dann nachschwingenden Sprungbretter ist: Manches war und ist immer gleich – und bleibt über Jahrzehnte unvergessen. Etliche Hamburgerinnen und Hamburger verbinden mit alldem den Namen des Freibads Lattenkamp – oder umgangssprachlich auch kurz „das Latte".

Die Ecke Bebelallee (vorne) / Meenkwiese heute. Ein Großteil des Freibadgeländes wurde nach dessen Abbruch großzügig bebaut.

Schon seit 1989, dem Jahr, in dem es abgerissen wurde, ist es ein verschwundener Ort, aber das Bad bleibt in den Erinnerungen lebendig.

Den meisten Besuchern war vermutlich gar nicht klar, dass das „Latte" eine lange Geschichte hatte. Für seine Errichtung zeichnete immerhin Oberbaudirektor Fritz Schumacher (1869-1947) verantwortlich, die Bauleitung hatte der Oberbaudirektor des Ingenieurwesens, Gustav Leo (1868-1944) inne. Dem Buch *Hamburg und seine Bauten* ist zu entnehmen, dass der Bau während des Ersten Weltkriegs, im Jahr 1915, begonnen worden war und dann – nach einer teilweisen Fertigstellung und der kriegsbedingten Stilllegung der Arbeiten – erst während einer Bauzeit von Februar bis Juni 1926 fertiggestellt werden konnte.

Die streng symmetrische Anlage war zunächst in ein Männer- und ein Frauenbassin aufgeteilt – mit den dazu gehörenden Dusch-, Umkleide- und Toilettenanlagen. Später wurde das Freibad modernisiert und den sich ändernden Auflagen und Anforderungen angepasst, sodass es in späteren Jahren so gut wie keine Ähnlichkeit mehr mit der alten Anlage hatte.

Die gute Lage des Freibads, 30.000 Quadratmeter an einem Alsterarm und ganz in der Nähe des U-Bahnhofs Lattenkamp mitten in Winterhude, machte das Grundstück in den 1980er-Jahren immer attraktiver – nicht nur für die Besucher, sondern auch für Projektentwickler. Ende der 1980er-Jahre wurde dann verkündet, „das Latte" rechne sich nicht mehr. Die „Saisonkosten" sollen sich zuletzt auf 475.000 Mark beziffert haben, das sei zu viel bei durchschnittlich 10.000 Badelustigen pro Jahr. Diese Zahlen der Hamburger Wasserwerke wurden jedenfalls damals in den Medien genannt. Als öffentlich bekannt wurde, dass ein Teil der Fläche zwischen Alster, Meenkwiese, Bebelallee und Güterumgehungsbahn neu bebaut werden sollte, machten Schwimmbadfans gegen den geplanten Abbruch mobil, und auch mehrere Parteien in der Bezirksversammlung Hamburg Nord setzten sich für den Erhalt ein. Dann geschah etwas Ungewöhnliches. Das Testament eines 1988 verstorbenen Hamburger Kaufmanns kam ins Spiel, der den Bau eines neuen Spielplatzes nach seinem Ableben verfügt hatte. Dafür stünden 800.000 Mark bereit, die aber nur ausgezahlt würden, wenn die Umsetzung innerhalb von zwei Jahren gelänge. Die damalige Bezirksamtsleitung entschied schnell, wo der Spielplatz gebaut werden sollte – nämlich auf einem Teil des Freibadgeländes.

Kritiker der Planung verwiesen zwar darauf, dass in der Gegend nicht gerade ein Mangel an Spielplätzen herrsche und dass im Umkreis auch reichlich Grün- und Spielzonen vorhanden seien, aber schon Anfang 1989 wurde der Abrissantrag gestellt – wegen des Testaments war ja Eile geboten. Wie das *Hamburger Abendblatt* damals berichtete, hatten Bezirkspolitiker im Kerngebietsausschuss zwar Anträge gegen den Abbruch durchgesetzt, doch das Bauordnungsamt entschied: Eine Nichterteilung der Abrissgenehmigung wäre rechtswidrig.

Und wie das dann manchmal so läuft: Die Tatsache, dass man auf der Freibad-Fläche auch einen rund 10.000 Quadratmeter großen Spielplatz errichten werde, wurde in etlichen Medienberichten vereinfacht: „Freibad Lattenkamp wird Spielplatz", titelten einige Zeitungen, und noch heute findet man im Internet Hinweise wie: „Freibad Lattenkamp (jetzt Spielplatz)". Im Vergleich zu anderen Bauprojekten ging dann alles ganz flott: Ab März wurde das Gelände planiert, die zwei Schwimmbecken und das Planschbecken mit Erde gefüllt. Im Mai begann der Abbruch der Gebäude. „Eine Bagger-Crew machte kurzen Prozess und legte das Sommerbad Lattenkamp in Trümmer", schrieb das *Abendblatt* damals. Schon im April des Folgejahres wurde die neue Spielfläche eingeweiht, und der Wohnungsbau folgte zügig.

Im Frühjahr 1992 gab es dann noch einen handfesten politischen Streit. Da stellte sich nämlich heraus, dass der Senat die ursprünglich angekündigten Sozialwohnungen vor Ort dann doch lieber als Wohnungen für Spitzenverdiener bauen und vermarkten lassen wollte. Bezirkspolitiker von CDU, Grünen (damals: GAL) und FDP kritisierten, die Empörung über die Schließung des Bades sei einst mit den versprochenen Sozialwohnungen beruhigt worden. Die sollen dann andernorts gebaut worden sein. Ein Sprecher des damaligen Finanzsenators Wolfgang Curilla (SPD) teilte kühl mit: „Der Senat wird das Programm erfüllen, er hat aber auch die Pflicht, auf die Finanzen zu achten." Wer sich heute vor Ort umsieht, findet in der Tat einen sehr schönen, großen Spielplatz, allerdings ist das Gelände entlang der Straßen Bebelallee und Meenkwiese auch mit großen Wohnblocks bebaut. Was jedoch fehlt ist ein Schwimmbad. Kinder und Jugendliche stürzen sich an heißen Sommertagen beim benachbarten Winterhuder Kai in die Alster, was seit Jahren zu viel Verdruss bei den Anwohnern führt.

Das „Latte" bleibt immerhin noch in den Erinnerungen der einstigen Nutzer lebendig. „Zuletzt war ich 1988 im Latte", erinnert sich der Zeitzeuge. „Die Stimmung hatte sich überhaupt nicht verändert, allerdings waren die Kinder und Jugendlichen vor Ort deutlich cooler als wir damals. Es dudelten auch Radios, was früher verboten war." Sein Fazit: „Das Latte war ein magischer Ort. Spaß, Sport und viel Ruhe – und das mitten in der Stadt."

Hier befand sich das Freibad Lattenkamp:

Es erstreckte sich auf dem großen Areal zwischen Bahndamm (Norden) und Meenkwiese (Süden), Alster (Westen) und Bebelallee (Osten).

Das 1929 fertiggestellte Deutschlandhaus war in der Nachkriegszeit mehrmals umgebaut worden, was als Rechtfertigung für seinen Abbruch angeführt wurde.

Deutschlandhaus

Kühne Architektur und ein Riesenkino

Manchmal ist es schon seltsam, was in Hamburg als erhaltenswert eingestuft wird – und was nicht. Im Jahr 2019 verschwand mit dem „Deutschlandhaus" an der Ecke Valentinskamp / Dammtorstraße ein kulturhistorisch bedeutsamer Bau: Das in Stahlskelettbauweise errichtete Gebäude galt als eines der ganz wenigen erhaltenen der so genannten Stromlinien-Moderne landesweit. Im Jahr 2014 war es an die ABG Real Estate Group verkauft worden, die sich nach langem Hin und Her dafür entschied, an der Stelle einen Neubau errichten zu lassen. Die

Der Neubau (hier in der Anfangsphase) greift das Aussehen des 2019 abgebrochenen Vorgängerbaus wieder auf.

Genehmigung der Stadt lag 2019 dann vor. Massive Kritik am Abrissplan kam damals unter anderem von der Kunsthistorikerin Prof. Iris Wenderholm: „Wie ist es zu erklären, dass im Herzen Hamburgs der Abriss eines historisch und städtebaulich bedeutenden, identitätsstiftenden Bauwerks beschlossen wird, ohne Beteiligung der Hamburgerinnen und Hamburger, ja geradezu an ihnen vorbei?", fragte sie. Und weiter: „Der Bau war ein frühes und bedeutendes Beispiel der Stahlskelettbauweise, aus bautechnischer Perspektive ein in jedem Fall zu schützendes Gebäude."

Die Errichtung in den Jahren 1928 bis 1929 geht auf Entwürfe der Architekten Fritz Block (1889-1955) und Ernst Hochfeld (1890-1985) zurück. Für das aufwendige Projekt waren Hunderte Bewohner eines Gängeviertel-Teils zuvor umgesiedelt worden. Als Besonderer Anziehungspunkt galt der Ufa-Palast, der in einem Teil des neuen Hauses residierte – mit rund 2.700 Plätzen eines der größten Kinos Europas, nach einigen Quellen sogar das größte. Zur Eröffnung im Dezember

1929 lief der Film *Die weiße Hölle vom Piz Palü.* Die Presse prognostiziert dem neuen Bau dann auch, er werde „eine weitere Sehenswürdigkeit in Hamburg sein".

Durch Luftangriffe wurde das Haus schwer beschädigt und zunächst noch unter der Regie der britischen Besatzungsmacht instandgesetzt. Das Kino wurde damals abgerissen, später eröffnete ein neues „Ufa" nur einen Steinwurf entfernt am Gänsemarkt. In den späten 1970er-Jahren folgte die Erneuerung eines Gebäudeflügels in Richtung der Straße Drehbahn, einige Jahre später ein erneuter Umbau, bei dem Bautrupps unter anderem die Fenster veränderten und die Klinkerfassade ersetzten.

2017 wurden dann erstmals Abriss- und Neubaupläne bekannt gemacht, die schnell Denkmalexperten auf den Plan riefen. Sie verwiesen auch auf die besondere Bedeutung, die das Haus als Pendant der Finanzbehörde genau gegenüber habe. „Beide zum Ende der zwanziger Jahre fertiggestellten Gebäude waren ein selbstbewusstes Bekenntnis zum Neuen Bauen", so Iris Wenderholm, „das Deutschlandhaus als Pendantbau zu Fritz Schumachers Finanzdeputation zudem ein Stück Hamburger Stadtidentität." Genützt hat das alles nichts. Die zuständigen Behörden teilten öffentlich knapp mit, dass das Deutschlandhaus nie unter Denkmalschutz gestanden habe, weil es nach der teilweisen Kriegszerstörung ja mehrmals umgebaut worden war. Wäre das Haus ein Mensch gewesen, könnte man sagen: Es wurde also gleich doppelt bestraft. Dass sich die öffentlichen Proteste gegen den Abriss insgesamt in Grenzen hielten, hing mutmaßlich wiederum mit dem modernen Aussehen des Baus zusammen. Viele Hamburgerinnen und Hamburger wussten schlichtweg nichts von der bedeutenden Baugeschichte, und für sie war das Deutschlandhaus ein normaler Rotklinker-Büroblock, dessen Bauzeit nicht wenige in den 1950er-Jahren verorteten. Erker, Türmchen und ein bisschen Stuck hätten vermutlich zu mehr Solidarität mit dem alten Bau geführt.

Beim Deutschlandhaus setzte der Denkmalrat schließlich immerhin durch, dass die Dimensionen und die Silhouette des Neubaus an die sensible Situation des Ortes angepasst werden müssten. Die öffentlich präsentierten Computerbilder zeigten dann auch einen Nachfolger, der ziemlich große äußere Ähnlichkeit mit seinem Vorgänger hatte. Die Grundsteinlegung für den Neubau erfolgte im Oktober 2020. Der 40.000 Quadratmeter große Backsteinbau (Kosten: rund 450 Millionen Euro) verfügt unter anderem über einen Innenhof mit Palmengarten und Wasserbecken. Ob er auch wieder mit der Finanzbehörde korrespondiert, können Passantinnen und Passanten selbst beurteilen.

Es gibt noch einen weiteren Grund, warum der Abriss aus Iris Wenderholms Sicht nicht zu vertreten war. „Eine besondere Bedeutung hatte das Deutschlandhaus auch als architektonisches Zeugnis des Jüdischen Hamburgs, dessen Erbauer 1938 ins Exil getrieben wurden", sagt Wenderholm. „Der Abriss eines solchen historisch und städtebaulich zentralen Bauwerks ohne Mitspracherecht und Beteiligung der Hamburger Bürgerinnen und Bürger ist nicht zeitgemäß."

Eine wenig bekannte Tatsache, die aber aufgrund der Ereignisse leider nur noch eine Randnotiz ist: Als der heute weltberühmte irische Dramatiker Samuel Beckett im Oktober 1936 zu Studienzwecken in Hamburg weilte, aß er fast täglich in einem Lokal im Deutschlandhaus. Von seinem Pensionswirt war ihm zu Beginn seines Aufenthalts ein Lokal am Alterdamm (heute Ballindamm) empfohlen worden. Doch wie Roswitha Quadflieg in ihrem ausgezeichneten Buch *Beckett was here* nachweist, entschied sich der damals mittellose Dreißigjährige für das Restaurant Stadtschänke, das sich im Erdgeschoss des Hauses an der Ecke Valentinskamp / Dammtorstraße befand. „Speisen wie Preise sind hier wohl eher nach seinem Geschmack", schreibt Quadflieg. „Jedenfalls wird die Stadtschänke während der nächsten Wochen fast täglich aufgesucht, im Tagebuch die doppeldeutige Kontraktion ‚SS (Stadtschänke, not Saal Schutz)' für sie eingeführt." Unter anderem schrieb Beckett wenig schmeichelhaft von einem „depraved Gemüsetopf" – einem verdorbenen Gemüsetopf vor Ort.

Hier stand das Deutschlandhaus:

Ecke Dammtorstraße / Valentinskamp (gegenüber der Finanzbehörde).

Das Haus Vaterland befand sich in dem Eckhaus Alsterdamm (l.) / Bergstraße. Im Hintergrund: die Petrikirche.

Haus Vaterland

Kehraus am Ort der Lebensfreude

„Verödung der City“ und „Läden-Sterben“ – das sind Begriffe, die nicht erst in unserer Zeit geprägt wurden. Schon Anfang der 1970er-Jahre mussten zahlreiche Traditionshäuser ihre Pforten für immer schließen – Namen wie „Café Hübner“, „Weinhaus Doelle“, „Café L'Arronge“, „Patzenhofer“ oder „Café Wilm“ machten damals betrübliche Schlagzeilen.

Als 1972 das „Haus Vaterland“ an der Ecke Ballindamm / Bergstraße den Betrieb einstellte, war die Trauer besonders groß – und die Empörung. Viele meinten, die Stadt habe dem Besitzer des traditions-

Das Gebäude ist im Kern erhalten, aber stark verändert. Das Haus Vaterland musste seinen Betrieb bereits 1972 einstellen.

reichen Unternehmens, Jürgen Parbs, nicht genug unter die Arme gegriffen. „Hier stirbt ein Stück Hamburg", schimpften viele Zeitungen. Auch Parbs selbst lebte nicht mehr. Neun Tage vor der Schließung war er plötzlich gestorben – zermürbt von den Sorgen um sein Haus. Jürgen Parbs war der Schwiegersohn von Wilhelm F. A. Burmeister, dem Vater des „Vaterland". 1919 hatte Burmeister das 1904 eröffnete Café „Belvedere" in dem damals noch reich verzierten Eckhaus – übrigens auch ein Entwurf von Rathaus-Architekt Martin Haller (1835-1925) – aufgekauft und unter Einbeziehung einiger Nachbarlokale erweitert.

Nach dem Umbau taufte er das Ganze „Café Vaterland", wahrscheinlich, um an den stolzen Hapag-Passagierdampfer gleichen Namens zu erinnern – die weltberühmte Reederei residierte schließlich nur ein paar Häuser weiter am damaligen Alsterdamm.

In der Zeit der Katerstimmung nach dem verlorenen Krieg wirkte der Name auf viele Hamburger ungewöhnlich, fast provozierend, doch die dadurch geweckte Neugier garantierte von Anfang an viele Besucher. Weniger ungewöhnlich war das Konzept des Hauses. Die Kombination aus Varieté und Sprechbühne, Kaffeehaus, Bierschwemme und Restaurant gab es zwischen den beiden Weltkriegen in vielen Hamburger Stadtteilen. „Allotria", „Trichter", „Halali", und „Tarantella" sind Namen aus dieser längst untergegangenen Epoche.

Burmeister starb 1948, sein Schwiegersohn betrieb das großflächige „Vaterland" mit den rund 1.000 Plätzen als „Haus der vielen Gaststätten" weiter. Die Unterteilung in mehrere Einzellokale, darunter „Fröhlicher Weinberg", „Bodega", „Löwenbräu" und „Kachel" war ein erster – vergeblicher – Versuch, an die erfolgreiche Vorkriegszeit anzuschließen. Dass Jürgen Parbs um das „Vaterland" gekämpft hat, ist stark untertrieben. Parbs, der in Hamburg wegen seiner heißen Liebe zur Gastronomie „Der Ritter vom Bratenspieß" genannt wurde, war von der Idee besessen, das Haus zu retten – um jeden Preis. Immer wieder veränderte er sein Konzept, bot originelle Programme und investierte Unsummen aus seinem Privatvermögen in das „Vaterland".

Ob Hamburgs Politiker damals wirklich zu wenig für Parbs getan haben, ist heute schwer zu beurteilen. Seine Bitten um Unterstützung liefen ins Leere, einige Briefe mit Finanzierungsvorschlägen für das Traditionsunternehmen wurden nicht mal beantwortet. Tatsache ist aber auch, dass Parbs offenbar die Grundprobleme nicht wahrhaben wollte, die damals Eigentümer und Pächter vieler großer Häuser in die Knie zwangen: Zunächst wurde die Infrastruktur in den Stadtteilen immer besser – Banken, Supermärkte und Restaurants vor der Tür ließen den obligatorischen Weg „in die Stadt", an den sich ein Café- oder Varieté-Besuch anschloss, zu einem reinen Wochenendvergnügen werden. Und: Das Fernsehen hielt in Hamburgs Wohnstuben Einzug – immer mehr Menschen holten sich ihre abendliche Unterhaltung vor der Mattscheibe.

Der 50. Geburtstag des „Vaterland" war 1954 noch groß gefeiert worden. „Es gehörte zu Hamburg wie die Alster und der Michel", glaubte eine Zeitung. Jetzt wurden die dunklen Wolken über dem Haus an der Binnenalster immer dichter, das dröhnende Lachen wich einem müden Grinsen. 1964 musste Parbs das Varieté schließen, danach setzte er das Programm in vereinfachter Form noch eine Weile fort.

Um dem Fernsehen die Stirn zu bieten, verpflichtete Parbs immer mehr Prominente, die regelmäßig auf dem Bildschirm zu sehen waren, darunter Heinz Erhardt (1909-1979), Zarah Leander (1907-1981) und Peter Frankenfeld (1913-1979). Doch damit handelte er sich die nächsten Probleme ein: Die Gagenforderungen stiegen, die Umsätze gingen stetig zurück – Parbs Schulden wuchsen. Und: Während das legendäre Hansa-Theater mit dem Versprechen „Nie im Fernsehen" alle Stürme überstand, glaubten immer mehr „Vaterland-Gäste", das Programm so oder ähnlich zu Hause sehen zu können. Der jahrelange Ausbau der U-Bahnstation „Jungfernstieg" vertrieb die letzten Gäste, im „Haus der Lebensfreude" kam Grabesstimmung auf. Parbs-Witwe Ingeborg meldete im Herbst 1972 Konkurs an, den 80 Mitarbeitern wurde gekündigt. Über ihren verstorbenen Mann sagte sie in einer Zeitung: „Er hat zuletzt nicht mal mehr geschlafen. Nur herumgedacht."

„Er hat zuletzt nicht mal mehr geschlafen. Nur herumgedacht."

Tanzkapelle, Fünf-Uhr-Tee und Kabarett, Kaffeehausmusik, Candlelight-Dinner und Varieté – das sind Begriffe, die mit dem „Vaterland" verbunden waren. Spaziergängern, die sich heute an die Ecke Ballindamm / Bergstraße verirren, muss das wie ein Märchen aus uralten Zeiten erscheinen.

Hier stand das Haus Vaterland:

Ecke Ballindamm / Bergstraße, rechts vom Eingang der Europa Passage.

Die älteste Wasch- und Badeanstalt auf dem europäischen Kontinent wurde 1855 am Schweinemarkt (dem heutigen Steintorwall) eröffnet.

Wasch- und Badeanstalt

Reinlichkeit für die Armen

Heute wäre sie mit Sicherheit eine Sehenswürdigkeit, die Touristen und sonstige Stadtbesucher faszinieren würde. Ein zusätzliches Museum mitten in der City? Ob und wie man sie sonst hätte nutzen können, muss offen bleiben, denn die Badeanstalt am Schweinmarkt, dem heutigen Steintorwall, wurde im Januar 1963 sang- und klanglos abgebrochen. Die erste Wasch- und Badeanstalt auf dem europäischen Kontinent hatte den Zweiten Weltkrieg leidlich unbeschadet überstanden, während rundherum vieles in Schutt und Asche gesunken war. Zunächst hatten

Rund wie das Hauptgebäude der Wasch- und Badeanstalt ist auch das Parkhaus, das dort heute steht.

Handwerker die Anlage wieder hergerichtet, dann musste sie einem Parkhaus weichen. Schöpfer des Meisterwerks Hamburger Körperpflege war der Ingenieur William Lindley (1808-1900), der sich nach dem großen Brand 1842 als beratender Ingenieur der Rat- und Bürgerdeputation beim Wiederaufbau der Stadt große Verdienste erworben hatte. Das maßgeblich von ihm entwickelte Kanalisationsnetz gilt noch heute als eine technische Meisterleistung.

Dr. Ingrid Nümann-Seidewinkel, frühere Hamburger Finanzsenatorin und heute Mitglied im Beirat der Patriotischen Gesellschaft, erinnert daran, dass der Bau der Wasch- und Badeanstalt erst im Zusammenwirken Lindleys mit der Patriotischen Gesellschaft möglich wurde – und welche Rahmenbedingungen ihre Errichtung nötig gemacht hatten. Um die Hygiene war es in Hamburg in der Mitte des 19. Jahrhunderts schlecht bestellt. Vor allem die unterprivilegierten Bevölkerungsschichten hatten kaum Möglichkeiten, sich regelmäßig zu waschen. Dort waren die hygienischen Zustände nicht nur nach heutigen Maßstäben katastrophal: Es gab so gut wie keine Waschgelegenheiten mit sauberem Wasser und keine Kanalisation, hinzu kamen massiver Licht- und Luftmangel. Die Erkenntnis, dass diese Orte Brutstätten für Krankheiten waren, setzte sich nur schleppend durch – doch was war zu tun?

Die erste Wasch- und Badeanstalt für die arbeitende Klasse war 1842 in Liverpool eröffnet worden. Dem Zeitgeist entsprechend begründete man die Notwendigkeit dieser Einrichtung aber nicht mit gesundheitlichen Aspekten, sondern mit der Warnung vor möglichen sozialen Unruhen. William Lindley blieb auch während seiner Hamburger Zeit mit seinem Heimatland vernetzt und hatte sich über diese Entwicklung zweifellos informiert. Frühzeitig wandte er sich mit Denkschriften an die Öffentlichkeit, um seine jeweiligen Projekte zu erläutern und auf diese Weise um Unterstützung zu werben.

So verfuhr er auch, als es darum ging, die städtischen Stellen für eine neue Badeanstalt in Hamburg zu gewinnen. Und geschickt setzte er dabei ebenfalls das Argument ein, dass Körperpflege sogar Staatskrisen verhindern könne. Lindley notierte, dass eine unreinliche Bevölkerung „verwildere". Es drohe „ein Mangel an Selbstachtung, Rohheit und Laster", wodurch sich „Vergehungen gegen die Staatsgesetze" potenzieren könnten. Das Waschen führe somit zur Verhütung von „radikalen Tendenzen". Es war, das wird oft vergessen, die Patriotische Gesellschaft, die ihn schließlich im Jahr 1852 mit dem Bau einer solchen Einrichtung für „Unbemittelte" beauftragte. Ingrid Nümann-Seidewinkel verweist auf deren Verdienste für das Gemeinwesen: „Viele Neuerungen verdankt Hamburg dieser Gesellschaft, wie zum Beispiel die Straßenbeleuchtung, die Einführung des Dezimalsystems für Maße und Gewichte, die Fürsorge für entlassene Gefangene, die Schaffung von Gewerbeschulen, öffentliche Bücherhallen, das Museum für Kunst und Gewerbe und vieles mehr", sagt sie. „Dabei standen bei den sozialen Projekten die so genannten Unbemittelten, die sozial Benachteiligten im Vordergrund. Daher passt der Bau einer Badeanstalt in das Konzept der Gesellschaft."

Die Stadt stellte schließlich das Baugrundstück an der Steinstraße zur Verfügung und garantierte die kostenlose Wassernutzung. Die im Rundbogenstil errichtete Anlage mit dem mehr als 40 Meter hohen

Schornstein, die am 5. April 1855 eröffnet wurde, war technisch auf dem neuesten Stand der damaligen Zeit. Einzelne Bauteile hatten Fachkräfte aus England importiert, andere waren speziell in Hamburg angefertigt worden. Die über einen Rundgang erreichbaren Badewannen – nach unterschiedlichen Quellen zwischen 50 und 65, wobei es mehr für Männer als für Frauen gab –, befanden sich in Einzelkabinen, die durch zwei Meter hohe Holzwände voneinander getrennt waren. Es gab zwei Klassen mit unterschiedlichen Preisen: In der ersten konnten die Badegäste in glasierten Mörtelwannen planschen, in der zweiten mussten Zinkwannen reichen. Angestellte wiesen den Weg und drehten auch das Wasser auf. Außerdem gab es mehr als 30 Stände, an denen Wäsche gewaschen, gemangelt und geplättet werden konnte. Auffällig war, dass die Innenausstattung mit bunten Mosaiken und sonstigem Bauschmuck relativ aufwendig gestaltet war – möglicherweise, um den Besuch der neuen Anstalt noch anziehender zu machen. Und auch das gehörte zu den pragmatischen Überlegungen zu dem neuen Bau: Für die Anlage war gezielt eine etwas erhöhte Lage ausgewählt worden, damit die neuen Siele unter Ausnutzung des Gefälles in Richtung Elbe problemlos mit dem gebrauchten Badewasser durchgespült werden konnten. Die Anstalt war komplett mit Gasbeleuchtung ausgestattet, sodass die Öffnungszeiten im Herbst und Winter unabhängig vom Tageslicht blieben.

„Es entbehrt nicht einer gewissen Ironie, dass die offensichtlich funktionierende Badeanstalt 1963 zu Gunsten eines Parkhauses abgerissen wurde", sagt Ingrid Nümann-Seidewinkel. „Dies wird nicht daran gelegen haben, dass die Wohnungen in der Hamburger Altstadt mit Badezimmern ausgestattet waren, sondern daran, dass es in der Gegend – wie heute – kaum noch Wohnungen, sondern vor allem Büros gab und gibt. Stattdessen wurde ein Parkhaus für diejenigen gebaut, die Anfang der 1960er-Jahre bereits den Traum vom eigenen Auto verwirklichen konnten."

Hier befand sich die Wasch- und Badeanstalt:

Sie stand an der Ecke Steintorwall / Steinstraße (nördl. Straßenseite).

So stattlich sah die Nordseite der Esplanade noch in den 1950er-Jahren aus. Doch 1958 wurden die schönen und denkmalgeschützten Häuser abgerissen.

Esplanade

Das Ende einer Prachtstraße

„Denke Dir, dass über den Fahrweg des Dammtors hinüber, statt des himmelhohen Walles und des engen schmutzigen Weges sich eine lange, 160 Fuß breite Gasse darbietet, mit hohen, schönen Häusern und in der Mitte mit einer vierfachen Baumreihe. Das ist die Esplanade." So schwärmte im 19. Jahrhundert ein Zeitzeuge in einem Brief nach Hause.

Schön war die Straße damals wirklich, schließlich hatte Stadtbaumeisters Karl Ludwig Wimmel (1786-1845) bei den angrenzenden Häusern, die zwischen 1827 und 1830 errichtet worden waren, an alles

Die Hochhäuser (zunächst zwei) wurden in aufgelockerter Bauweise errichtet, um vor Ort einen neuen „Grüngürtel" zu schaffen.

gedacht: Höhe, Tiefe und Gesimsprofile waren genau vorgeschrieben; für die Wände musste englischer Zement verwendet werden, für die Dächer glasierte Dachpfannen, und einige Häuser hatten sogar eine „antike" Tempelfront. Von der Anmutung her erinnerte die etwa 300 Meter lange und 50 Meter breite Esplanade mit ihren klassizistischen Fassaden nicht zufällig an einen Berliner Prachtboulevard – inklusive der Baumreihen in der Mitte. Ein geflügeltes Wort war damals, nun könne man endlich auch in Hamburg „unter den Linden" flanieren.

Von dieser Bebauung ist auf der Nordseite der Esplanade nicht mehr viel geblieben. Wer alte Fotos von der einstigen Prachtstraße betrachtet und die heutige Ansicht kennt, vermutet wahrscheinlich, dass der Straßenzug im Krieg zerstört wurde. Doch so ist es nicht. Die Häuser hatten die Bombardements überstanden und mussten erst später weichen. Wie es dazu kam, berichtet Prof. Hermann Hipp, einer der bekanntesten und renommiertesten Kunsthistoriker Hamburgs. „Den Abriss der nördlichen Esplanade kann man mit der Zerstörung einer Gutenberg-Bibel vergleichen", sagt Hipp auch noch viele Jahre später. Obwohl seit Jahren emeritiert, ist Hipp, der rund zehn Jahre lang Mitarbeiter im Denkmalschutzamt war und danach für weitere 16 Jahre an der Universität lehrte und forschte, mit der Angelegenheit noch bestens vertraut. Hier „der Fall" Esplanade, den man heute wohl ohne Übertreibung als einen Bauskandal bezeichnen kann.

Der Anfang vom Ende kam in den frühen 1950er-Jahren, als der damalige Oberbaudirektor Werner Hebebrand (1899-1966) beschloss, einen Grüngürtel von Planten un Blomen über den heutigen Gustav-Mahler-Park bis an die Binnenalster zu führen – „mittels sinnvoller Anordnung von drei schmalen, gut proportionierten Hochhausbaukörpern". Die Wimmel-Häuser, im Krieg nur leicht beschädigt, waren 1944 zwar unter Denkmalschutz gestellt worden, standen den „Hochhauskörpern" aber leider auf der Nordseite der Esplanade im Weg.

Hebebrand, dem Hamburg unter anderem die City Nord verdankt, war ein einflussreicher Mann. Schon nach kurzer Zeit empfahl die Kulturbehörde dem Senat, die Häuser aus der Denkmalliste zu streichen – allerdings nur, wenn der „Eigentümer oder sein Rechtsnachfolger sich verpflichtet, die bisherige ruhige architektonische Geschlossenheit mit modernen Mitteln zu erhalten".

In dem Buch *Großstadt und Denkmalpflege Hamburg 1945-1959* behauptete der für die Häuser zuständige Denkmalpfleger Günther Grundmann (1892-1976), es sei dem Denkmalamt gar nichts anderes übrig geblieben, als die Lösung der Häuser aus der Denkmalliste zu verfügen. „Das entspricht nicht der Wahrheit", sagt Prof. Hipp, von 1974 bis 1984 im Denkmalamt. „Die Akten beweisen, dass gerade Grundmann den Abriss der Häuser entschieden befürwortete und vorantrieb. Ausgerechnet der Denkmalpfleger hatte sich auf Hebebrands Seite geschlagen, dabei wollte ansonsten in Hamburg so ziemlich jeder die Esplanade behalten."

Die damals verbreitete Behauptung, die Gebäude seien marode und die Sanierung zu teuer, bezweifelt Hipp ebenfalls: „Die Häuser waren gut erhalten, bei den Kosten wurde nach oben aufgerundet. Heute wäre jedes der zehn Häuser viele Millionen wert." Seine abschließende Beurteilung: „Es ist heute beim besten Willen nicht mehr nachvollziehbar, warum die Häuser abgerissen wurden."

Doch die Abbruch-Trupps kamen 1958 und zerstörten die mehr als hundert Jahre alten Kaufmannshäuser. Auch das riesige Embden-Palais mit der einmaligen Tempelfront verschwand.

1960 erwischte es dann auch noch das Amsinck-Palais (Esplanade 1a, b und c), wegen seiner exponierten Lage an der Binnenalster „das Haus links inner Ecke", wegen seines Aussehens „Umgestürzte Kommode" genannt. Die Abrissbirne wurde erst neben dem „Phrix-Haus" an der Ecke Esplanade und Dammtordamm gestoppt. Über das 1907 erbaute Jugendstilgebäude, das einst das Hotel „Esplanade" beherbergt hatte, heißt es im Bebauungsplan des Senats: „Es stört mit seinem strukturellen Maßstab und seiner Gestaltung den städtebaulichen Zusammenhang in diesem Teil der Stadt."
Ob das stimmt, kann heute jeder selbst entscheiden – das Haus steht nach wie vor an seinem Platz. Die Phrix AG hatte sich hartnäckig geweigert, dem Abriss zuzustimmen, und die Behauptung des Senates, das Haus entspreche nicht den baupolizeilichen Mindestanforderungen, wurde von der AG gekontert: „Davon kann gar keine Rede sein. Richtig ist nur, dass das Gebäude nicht den Vorschriften für Neubauten entspricht." Statt drei wurden nur zwei Hochhauskörper gebaut, und eine 1973 durch das ehemalige „Esplanade" geschlagene, heute verschwundene Fußgängerbrücke konnte sein Äußeres nicht ruinieren. Hermann Hipp verweist auf seinen Aufsatz *Amtliche Erinnerung: Denkmalpflege und Stadtplanung in Hamburg vor und nach dem Zweiten Weltkrieg*. Darin stellt er klar, dass der bedeutende Stadtplaner Gustav Oelsner (1879-1956), nach dem Krieg Referent für Wiederaufbauplanung, „vorbehaltlos" für den Erhalt der Häuser eingetreten war.

Ironie oder Perversion? Inzwischen prangt eine blaue Tafel am einzig erhaltenen Wimmel-Haus – Esplanade 37 –und erinnert an die „symmetrisch angeordneten klassizistischen Gebäude".

Hier befand sich die Esplanade:

Sie stand von Hausnummer 37 an nach Osten bis zur Ecke Neuer Jungfernstieg.

Quellen, Literatur, Bildnachweis

Arbeitsgruppe des Bürgervereins Rissen (Hg.): Rissen. Ein photographischer Streifzug 1870-1960. Bremen 2001.

Architekten- und Ingenieursverein zu Hamburg (Hg.): Hamburg und seine Bauten. (1918-1929). Hamburg 1929.

Ausstellungsgruppe Ottensen, Altonaer Museum: Ottensen. Zur Geschichte eines Stadtteils. Hamburg 1982.

Bahnsen, Uwe und Kerstin von Stürmer: Die Stadt, die sterben sollte. Hamburg im Bombenkrieg, Juli 1943. Hamburg 2003.

Bake, Rita und Brita Reimers: Stadt der toten Frauen. Frauenportraits und Lebensbilder vom Friedhof Ohlsdorf. Hamburg 1997.

Bezirksamt Hamburg Nord, Fachbereich Stadtgrün (Hg.), Joachim Schnitter (Text): Hamburger Stadtpark 1914-2014. Hamburg 2014.

Bick, Martina: Musikerinnen in der Familie Mendelssohn (Reihe Jüdische Miniaturen). Berlin 2017.

Bismarckbad: „Ein Stück Altona: Das Bismarckbad". URL: https://www.altona.info. Abgerufen am 23.11.2020.

Borowka-Clausberg, Beate (Hg.): Salomon Heine in Hamburg. Geschäft und Gemeinsinn. Göttingen 2013.

Brietzke, Dirk: Arbeitsdisziplin und Armut in der frühen Neuzeit. Hamburg 2007.

Brietzke, Dirk, Franklin Kopitzsch und Rainer Nicolaysen (Hg): Das akademische Gymnasium. Bildung und Wissenschaft in Hamburg 1613-1883. Berlin u. a. 2013.

Bürgerverein zu Barmbek von 1859 (Hg.): Günther Radach. Barmbek basch. Erinnerungen an das alte Barmbeck. Hamburg 1997.

Christianeum: „Unsere Geschichte – Christianeum Hamburg". URL: htttps:// www.christianeum.de. Abgerufen am 11.07.2021.

Denkmalpflege in Hamburg, Idee – Gesetz Geschichte (Arbeitshefte zur Denkmalpflege in Hamburg Nr. 19). Hamburg 2000.

Deylen, Wiebke von; Hagenah, Ulrich: „100 Jahre Informationsversorgung für die Universität. Die Staats- und Universitätsbibliothek Hamburg von 1919 bis 2019". In: Rainer Nicolaysen u. a. (Hg.): 100 Jahre Universität Hamburg. Studien zur Universitäts- und Wissenschaftsgeschichte in vier Bänden (Bd. 1). Göttingen 2020, S. 613-654.

Domizlaff, Svante (Text) und Michael Zapf (Fotos): Elbchaussee. Menschen und Häuser an Hamburgs großer Straße. Kiel / Hamburg 2018.

Donner-Schloss: „Das Donner-Schloss – Symbol politischer Weitsicht". URL: http://www.donner-reuschel.de. Abgerufen am 10.09.2015.

Fischer-Radizi, Doris: „Beste Einrichtung für die schlechtesten Elemente. Geburtshilfe in Hamburg. Vor über 100 Jahren wurde die Frauenklinik Finkenau gegründet – gegen den Widerstand reicher Hamburger und einiger Senatoren". In: Hamburger Ärzteblatt 04 / 2015, S. 32-33.

Freibad Lattenkamp: „Fritz-Schumacher-Gesellschaft e. V. Vereinigung zur Förderung der Baukultur. 191 Freibad Lattenkamp". URL: http://fritzschumacher.de. Abgerufen am 11.06.2021.

Frühauf, Anne und Helmut Krumm, Gerd Riehm: Letzte Zeugen der Eisenbahngeschichte in Altona (Hamburger Bauheft 33). Hamburg 2020.

Gottsleben, Klaus (Text): „Operation Gomorrha" – 24. Juli bis 3. August 1943. Auch Hamburgs Bibliotheken versinken im Feuersturm und Bombenhagel (Begleitschrift zur Ausstellung „Operation Gomorrha – die Zerstörung der Hamburger Staatsbibliothek 1943"). Hamburg 2003.

Grunert, Heino: Von der Festung bis Planten un Blomen. Die Hamburger Wallanlagen. Hamburg 2020.

Hauschild-Thiessen, Renate: Die Hamburger Katastrophe vom Sommer 1943 in Augenzeugenberichten. Hamburg 1993.

Hempel, Dirk und Dirk C. Schoch: „Drei Standorte, ein Christianeum 1721-2021". In: Hamburger Bauheft 36. Hamburg 2021.

Herzig, Arno (Hg.): Vierhundert Jahre Juden in Hamburg (2 Bde.). Hamburg 1991.

Heydorn, Volker Detlef: Maler in Hamburg 1945-1966 (Bd. 2). Hamburg 1974.

Hipp, Hermann: Freie und Hansestadt Hamburg. Geschichte, Kultur und Stadtbaukunst an Alster und Elbe. Köln 1989.

Hoffmann, Paul Theodor: Die Elbchaussee. Ihre Landsitze, Menschen und Schicksale. Hamburg 1937.

Hoffmann, Paul Theodor: Mit dem Zeiger der Weltenuhr. Bilder und Erinnerungen. Hamburg 1949.

Hornbostel, Wilhelm und David Klemm (Hg.): Martin Haller. Leben und Werk 1835-1925. Hamburg 1997.

Jakstein, Werner: Liebe alte Stadt. Hamburg (Altona) 1940.

Kaispeicher A: „Zeitball und Wasserstandsanzeiger auf dem Kaispeicher Hamburg“. URL: http://www.baken-net.de. Abgerufen am 15.06.2021.

Kessler, Harry Graf: Gesammelte Schriften in drei Bänden. Frankfurt a. M. 1988.

Kludas, Arnold und Harry Braun: Auf Hamburgs Wasserstraßen. Eine illustrierte Geschichte der Ewerführerei im Hafen, auf Elbe, Bille, den Fleeten und Kanälen. Hamburg 1997.

Köstering, Sabine: Ein Museum für Weltnatur. Die Geschichte des Naturhistorischen Museums in Hamburg. Hamburg 2018.

Kopitzsch, Franklin und Daniel Tilgner (Hg.): Hamburg Lexikon. Hamburg 2000 (2. Aufl.).

Lenz, Siegfried: Leute von Hamburg, meine Straße. Hamburg 1986.

Petersen, Johann: Die hamburgische Waisenpflege im Jahre 1904. Festschrift zur Feier des dreihundertjährigen Bestehens des hamburgischen Waisenhauses. Hamburg 1904.

Pini, Udo: Zu Gast im alten Hamburg. München 1987.

Pritzlaff, Christiane: „Synagogen im Grindelviertel und ihre Zerstörung“. In: Ursula Wamser und Wilfried Weinke (Hg.): Ehemals in Hamburg zu Hause: Jüdisches Leben am Grindel. Hamburg 1991, S. 23-36.

Projekt der Klosterschule mit der Stiftung denkmal aktiv: Ein Ingenieur startete durch. William Lindley und Hamburg. Hamburg 2018.

Richter, Klaus: „Von der Burg zur Mietskaserne: Das Harburger Schloss“. In: Jürgen Ellermeyer u. a. (Hg.): Von der Burg zur Industriestadt. Beiträge zur Geschichte Harburgs. Hamburg 1988, S. 16-25.

Quadflieg, Roswitha: Beckett was here. Hamburg im Tagebuch Samuel Becketts von 1936. Hamburg 2006.

Schmoock, Matthias: Das Uhlenhorst-Buch. Hamburg 1993.

Schmoock, Matthias: „Heine, Carl“. In: Franklin Kopitzsch, Dirk Brietzke (Hg.): Hamburgische Biografie, Band 1. Hamburg 2001, S. 126-127.

Schmoock, Matthias: Ereignisse, die Hamburg prägten. Hamburg 2017.

Schütt, Ernst-Christian (Hg.): Die Chronik Hamburgs. Dortmund 1991.

Sinz, Herbert (Hg.): 75 Jahre Elbschloss Brauerei. Darmstadt 1956.
Skrentny, Werner: Das Eppendorf Buch. Hamburg 1991.

Synagoge Bornplatz: „Debatte über den Wiederaufbau der Bornplatzsynagoge“ (Dirk Brietzke). URL: https://vfhg.de. Abgerufen am 12.08.2021.

Verein zur Erforschung der Geschichte der Juden in Blankenese in Zusammenarbeit mit der Evangelisch-Lutherischen Kirchengemeinde Blankenese (Hg.): Viermal Leben. Jüdisches Schicksal in Blankenese. Hamburg o. J.

Verg, Erk: Hamburg an dieser Stelle. Hamburg 1983.
Vogelsang, Bernhard A. J.: Das Hamburger Waisenhaus: geschichtlich und beschreibend dargestellt; von 1597 bis auf die heutige Zeit. Hamburg 1889.

Volksoper: „Millerntor 1, Konzerthaus Ludwig“. URL: http://reeperbahn.de/kozerthaus-ludwig. Abgerufen am 05.10.2017.

Staatliche Pressestelle Hamburg: „Wettbewerb Winterhuder Fährhaus ist entschieden“ (Mitteilung). 04.06.1982.

Zeitungen (Auswahl)

Bahnhof Altona:
„Nur der Adler wird den Abbruch überleben. In sechs Jahren Bauzeit entsteht der neue Bahnhof Altona“. Die Welt, 28.09.1973.

„Es dominiert das Warenhaus. Der neue Altonaer Bahnhof zeigt die Planungssünden der sechziger Jahre“. Die Welt, 19.04.1979.

Dovenhof:
„75 Jahre Dovenhof“. Welt am Sonntag, 30.04.1961.
„Fallbirne zerschlägt den Dovenhof. An der Ost-West-Straße fällt ein Stück hanseatischer Vergangenheit“. Hamburger Abendblatt, 28.03.1967.

Esplanade:
„Auf verfaulten Pfählen. Drei alte Häuser an der Esplanade müssen abgebrochen werden“. Die Welt, 25.11.1954.

„Esplanade war der ganze Stolz aller Bürger. Abschied von einem Stück Vergangenheit“. Hamburger Abendblatt, 07.06.1958.

„Es war die Kaiserin. Damals an der Esplanade“. Hamburger Abendblatt, 14.06.1958.

„Zweites Hochhaus an der Esplanade. Der Bauplan ist fertig“. Die Welt, 01.09.1962.

„
Wir reißen nicht ab. Strich durch Pläne für Esplanade“. Hamburger Echo, 03.09.1962.

„Streit um das Phrix-Haus – Neubau an der Espanade?“ Welt am Sonntag, 07.11.1965.

Gängeviertel Valentinskamp:
„Abschied von einem alten Viertel“. Die Welt, 22.03.1958.
„Eine Straße, von der man nicht spricht. Die Spitzhacke wird gründlich aufräumen – Wo aber bleiben die Bewohnerinnen des alten Quartiers?“ Die Welt, 13.09.1958.

„Wieder reißen die Bagger ein großes Loch in den Kern unserer Stadt. Wieder verlieren wir ein Stück altes

Hamburg". Hamburger Abendblatt, 08.09.1958.

Grenzhaus Hoheluft:
„Klein Schwabing in Hoheluft". Welt am Sonntag, 08.06.1958.

„Grenzhaus Hoheluft verschwindet. Bald Hochhaus und neue Straßen". Hamburger Abendblatt, 18.02.1965.

Harburger Schloss:
„Abschied vom alten Schloss". Hamburger Abendblatt (Ausgabe Harburg – Stadt und Land), 20.12.1972.

„Wird das alte Harburger Schloss jetzt abgerissen?" Hamburger Abendblatt (Bezirksbeilage Harburg – Stadt und Land), 22.09.1972.

Haus Vaterland:
„Hier gastierten die Stars von gestern". Hamburg 72, Porträt einer Weltstadt (Abendblatt Jahrbuch), S. 278-279.

Reetdachhaus Eppendorf:
„Ein Stück vom alten Eppendorf". Hamburger Abendblatt (Bezirksbeilage Nordwest), 21.11.1961.

„An der Ludolfstraße begann der Abbruch. 2 Häuser verschwinden, Fahrbahn wird verbreitert". Hamburger Abendblatt (Bezirksbeilage Nordwest),09.04.1970.

„Ludolfstraße vom Verkehr entzaubert. Nur wenige Zeugen aus alter Zeit". Hamburger Abendblatt (Bezirksbeilage Nordwest), 17.02.1972.

Winterhuder Fährhaus:
„K. o. für ein altes Hamburger Restaurant. Pachtvertrag wird nicht verlängert". Hamburger Abendblatt (Alstertal-Nachrichten), 19.06.1975.

„Endgültig! Das Fährhaus wird abgebrochen". Die Welt, 11.07.1979.

„Ein Denkmal fällt: Aus für das Fährhaus". Hamburger Abendblatt, 11.07.1979.

„Die Vergangenheit versank in einer Staubwolke...doch die Zukunft des Fährhauses ist noch ungewiss". Hamburger Abendblatt, 07.08.1979.

Bildnachweis

S. 5 Hamburger Abendblatt

S. 8 Verein Heine Haus Hamburg

S. 12 Privat-Archiv Matthias Schmoock

S. 16 Knust

S. 24 Eppendorfer Bürgerverein

S. 26 Eppendorfer Bürgerverein

S. 27 Eppendorfer Bürgerverein

S. 55 CC BY-SA 2.0 DE

S. 58 CC BY-SA 2.0 DE Klaus

S. 60 Public Domain

S. 64 bildarchiv-hamburg.com

S. 86 bildarchiv-hamburg.com

S. 112 Privat-Archiv Melanie Kunze

S. 122 bildarchiv-hamburg.com

S. 126 Privat-Archiv Matthias Schmoock

S. 138 Privat-Archiv Matthias Schmoock

S. 140 Privat-Archiv Matthias Schmoock

S. 144 Privat-Archiv Melanie Kunze

S. 162 Privat-Archiv

S. 166 Christianeum Hamburg

S. 170 Bäderland Hamburg

S. 178 bildarchiv-hamburg.com

S. 186 Staatsarchiv Hamburg

Haftungsausschluss

Trotz intensiven Austauschs mit unseren Gesprächspartnern, gewissenhafter Literaturrecherche und aufmerksamem Korrekturlesen erheben wir weder einen Anspruch auf Vollständigkeit noch auf Fehlerlosigkeit. Wir haben streng darauf geachtet, keine Urheberrechte zu verletzen, unsere Recherchen sind nach bestem Wissen und Gewissen erfolgt. Sollten trotz aufwändiger Recherche eine Bildquelle nicht korrekt oder unvollständig angegeben sein oder ein Rechteinhaber übersehen worden sein, bitten wir die betroffene Institution oder Person, sich mit dem Verlag in Verbindung zu setzen. Dennoch übernehmen wir keinerlei Gewähr für die Aktualität, Korrektheit oder Vollständigkeit der bereitgestellten Informationen. Haftungsansprüche gegen uns schließen wir grundsätzlich aus.